ちくま学芸文庫

大企業の誕生

アメリカ経営史

A・D・チャンドラー

丸山惠也 訳

筑摩書房

"The United States: Evolution of Enterprise",
(in Peter Mathias and M. M. Postan 〈eds.〉, *The Cambridge Economic History of Europe, Vol. 7: The Industrial Economies: Capital, Labour and Enterprise, Part 2: The United States, Japan and Russia*)
by Alfred D. Chandler, Jr.

This translation of *The Cambridge Economic History of Europe, Vol. 7: The Industrial Economies: Capital, Labour and Enterprise, Part 2: The United States, Japan and Russia* by Peter Mathias, M. M. Postan is published by arrangement with
Cambridge University Press,
through Tuttle-Mori Agency Inc., Tokyo.

目次

序章 近代企業の機能と構造 …… 9
第一章 伝統的企業の専門化——一七九〇年代から一八四〇年代 …… 17
第一節 市場拡大と企業の専門化 21
商業の専門化／輸送業の発展／金融業の専門化／工業生産の発展／
工業生産の新しい形態——工場
第二節 近代的管理の先駆 39
第二章 近代企業の生成と展開——一八四〇年代から第一次世界大戦まで …… 45
技術革新の影響／交通と通信の革新／経営者の生成
第一節 鉄道——この国最初のビッグ・ビジネス 54

金融・証券市場の形成と企業財務／鉄道会社の組織と管理／鉄道会計の形成／直通輸送網の拡大／鉄道業の生産性増加／鉄道会社間のカルテル形成／管理者の役割／通信事業の発展

第二節　大量消費市場の生成　71
新しい卸売商の生成／近代的大型小売商の登場／流通コストの低減

第三節　大量生産の到来　77
金属製造業の生産性増加／金属加工業と労働分化／科学的管理法と職長／フォード工場の生産方式

第四節　近代産業企業の発生　93
大規模統合企業の生成／大量生産と大量流通の結合——三つの型／企業の合同運動

第五節　組織の形成　104
大規模統合企業の管理組織／経営者企業の形成／中央本社と職能部

の設立／トップ・マネジメント――機能と構造／大規模統合企業の支配

第三章　第一次世界大戦以後の近代企業……125

第一節　生産と流通における企業の進歩　127

分権制管理組織の形成／研究開発と多角化戦略

第二節　金融業、運輸業、通信業における企業の発展　133

市場と技術の変化のインパクト／第二次世界大戦と統合多角化企業

第三節　第二次世界大戦後の近代企業の発展方向　138

階層制企業の支配／海外事業活動の発展／コングロマリットの形成／アメリカの挑戦

第四章　結び……151

訳者解説　チャンドラー経営史論……159

1　アメリカにおける経営史研究の展開とチャンドラー教授　159
2　チャンドラー教授の経営史論の特徴　171
訳者あとがき……189
文庫化にあたって……193

大企業の誕生　アメリカ経営史

序章　近代企業の機能と構造

大企業はアメリカの生産、流通、運輸、金融、サービス業を支配するようになっている。このような大企業は合衆国の急速な工業化の産物であり、またその主要な原動力でもあった。実に、この大企業という新しい制度的形態が、今や社会主義世界以外のすべての都市経済、工業経済で重要な役割を果している。この巨大企業組織が、二〇世紀をきわだって特徴づけるものになっている。

近代企業は、歴史上のいかなる経済制度よりも多くの労働者、経営者、所有者、機械、材料、それに金銭を利用している。規模が大きいため、企業は一般的傾向としては非人格的となり、組織は官僚制的になる。企業の経営者、労働者、所有者がそれぞれお互いに知り合う機会はなくなっている。こうした企業の統制には、業務についての綿密に規定された階層制がつくられ、それぞれが自らの役割と責任を果すことが必要とされる。権限と責任体系、オフィス間の通信体系といったものも、念入りに決められている。詳細な会計報告やその他の統計資料、財務資料がこれらの経路（チャンネル）を流れる。統計を通してコントロールすることが管理技術のひとつの基礎になってきている。このような企業の経営者は、ひとつの産業、またしばしばひとつの企業のなかでキャリアをつんでゆく。しかし、彼らが自分の企業の所有者になるということはまずめったにない。それは、このような企業のほとんどは、法律上、「公衆によって所有された」法人で、その株式は数千人、あるいは数万人もの株主によって所有されているからである。一九六三年に上位二〇〇社の大企業のなかで、株式の一〇パーセントを個人、家族、あるいはグループがにぎっていたのはわずか一五・五パーセントにすぎない。このような多数の株主が、複合的で、しかもしばしば多業種にまたがる会社を管理することはとうていできない。今日の法人企業は「公衆によって」所有されているが、その株主は元来、私的な個人であって、政府ではない。連邦政府は一九三〇年代の不況以来アメリカ経済の管理に大きな役割を果してきた。しかし、それは間接的になされたのであって、金融財政政策を実施することと、主要な消費者、契約者になることを通してであった。政府が所有し運営している企業は、アメリカ経済においてはまれである。

大規模企業の構造と機能の発達は、近代の産業経済の運用、組織化、遂行にとって中心的役割をなすものである。公企業であろうと私企業であろうと、生産の諸要素が結合され、また投入（インプット）が産出（アウトプット）となるのは、この企業の内部においてである。ジャン・バティスト・セー以来、経済学者は、生産の諸要素を投入から産出に変え、その転換にともなう金銭上のリスクを負う企業者の役割についても考察してきた。最近ではこの企業者についての概念は、これらの企業者的機能を果すようになってきた事業単位や企業にまで必然的に拡大してあてはめるようになっている。さらに、企業者や企業には、財貨やサービスの現在の産出と同様に将来の産出のために、生産の諸要素を配分するという役割のあることが強調されてきている。このように、企業者あるいは企業内でなされる決定は、経済の現在の産出だけでなく、その将来の成長の方向にも影響するのである。

そして、経済学者たちが「剰余」とよぶもの（投入の増加では説明できない産出の割合として定義されたもの）の多くがつくりだされるところも、企業の内部である。この割合には、次に挙げる企業のふたつの要素が影響する。そのひとつは、生産の諸要素が組み合わされて経常産出物になり、このなかで将来の産出計画が立てられる組織設計（デザイン）である。もうひとつは、生産の諸要素を財貨やサービスに転換するのに責任のある人々の熟練度、経験、スキル、それに知性といったものである。

一九世紀後半、大企業が個人やパートナーシップによる企業者にとってかわってアメリカ経済の重要な意志決定の単位になった時期に、組織設計は工場、オフィスあるいは鉱山内での機械設備の導入や従業員の仕事の手順を考えることよりも重要なものになった。その設計によってひとつの会社の多くの補助部門や事業単位の日常活動が調整、統制、管理、評価されたり、またその設計を通して設備や人事への長期投資が決定されるようになったのである。組織設計を改善することで、社内の事業単位を最大限に活用し、より安定した資源分配計画をもたらし、ひいてはその企業の現在と将来の生産性を高めることができたのである。

管理の質は、ひとつの企業の生産性を高める上で、その組織設計よりも重要でさえあった。組織設計とは結局、日常的業務にたずさわり、長期投資を決定する責任ある人々を補佐するためにあるにすぎなかった。企業が成長するにつれ、監督と計画の仕事が増えてきた。そうした仕事をまかされた人々は専任の管理者になり、そしていわゆる経営管理そのものが生涯の職業（キャリア）となってだんだんとひとつの専門職化してきたのである。その養成には時間がかかったが、それにはフォーマルで専門的な教育がふくまれていた。そのうちに、いろいろな種類の経営者が自分たち独自の専門家協会や自分たちの専門誌をもつようになった。

組織設計と専門経営者が企業の生産性にとって——それとともに経済の生産性にとっても——重要性を増すようになった第一の理由は、企業が発展するにつれて、しばしば複数の事業体になってきたということだった。企業は新しい事業単位——工場、販売・購買事務所、鉱山、輸送事業、研究所などを加えることによって拡大してきた。そこでは、単一の事業単位内の生産の諸要素を組み立てるだけでなく、それぞれの事業単位内の投入から産出への変換をより効率的にできるように、事業単位間の財貨や情報、それに指示の流れを調整することが、企業の機能になった。また、ひとつの企業が複数の事業を単位化すると、経営資源の長期的分配をするには、さまざまなタイプの機能的活動を行ない、また、さまざまな地域で、さまざまな財とサービスを生産する事業単位についての決定が必要になりはじめた。

合衆国でこの近代的な複数事業単位の企業が出現したのは一八四〇年代以降にな

ってからのことで、この頃、生産と輸送の新技術のおかげで、それまでになく生産と流通の過程が迅速、大量、定期的になったのである。この新技術のあらわれる以前は、ほとんどすべての企業は小規模で、その企業の所有者によって管理されていた。ひとりかふたりの共同経営者、またはひとにぎりの株主たちが資金を集め、設備を求め、労働者を雇い、日常業務の決定と、長期投資の決定の両方を行なっていた。このような小規模で個人的な共同企業の業務には、フォーマルな組織設計はほとんど必要なかった。たったひとりの俸給経営者さえ、雇う必要もまれで、存在していた場合にもその経営者は所有者と一体になって働いていた。このような小規模で個人的な企業での彼らの業務や行動は、かつて五〇〇年以上にわたって栄えたヨーロッパの経済活動に似たものであった。

アメリカの企業は建国当初から一八四〇年代まで、その規模や経営内部の業務にはほとんど変化がなかったのだが、その間、活動はしだいに専門化されていた。この頃企業は、アダム・スミスの定義づけた分業と市場拡大の関係という方法で発展していた。アメリカ市場が拡大するにつれ、企業はしだいに専門化され、機能はひとつだけ――つまり、生産、流通、輸送、金融、その他のサービスなど――を営み、またひとつの生産物やサービスだけを扱うようになってきた。一八四〇年代以前の企業の発展は、制度的な分業化のひとつであるといえよう。

しかし、一八四〇年代以降、この過程は主として制度的な統合となった。つまり、それは、いくつかの事業単位の活動の結合と統合である。一八五〇年以前は、合衆国の最大規模の企業でさえ、二つか三つの工場あるいは鉱山、輸送路線、購買・販売事務所を動かしているところはまれだった。ところが一九〇〇年までの間に、アメリカの企業の多くが複数の事業単位となり、また多職能化もしてきた。ひとつの企業がいくつかの製造部門だけでなく、たくさんの販売、購買、鉱山、輸送などの部門も運営するようになっていたのである。二〇世紀になると、そうした多職能企業は新産業に進出して、自らの製品ラインを多様化したり、海外に進出して市場を拡大したりしはじめた。近代企業が多産業化、多国籍化したのである。新しい事業単位、新しい職能、新しい商品、新しい地域市場などが加わることによる拡大は、アメリカの企業の活動や構造を変えただけでなく、産業構造、それに国民経済もまた、全体として変えたのである。

このように、合衆国における企業の発展は大きく三つの時期に分けられる。まず第一は、一八世紀後半の国民経済の形成から一八四〇年代までで、この時期には市場拡大が事業の分業化を促した。この分業化は、次々にこの国の基幹的な事業制度の設立を助けた。第二期は一八四〇年代から第一次世界大戦までで、その間新技術が輸送、生産、流通の過程を変革し、近代的に統合された複数事業単位企業の生成を促した。一九二〇年代から今日に至る第三期には、複数事業単位企業がほとんどすべての経済部門に出現した。製造業、流通業ではそれらの企業は、新しい製品ラインや海外新市場へと多様化することを通じて成長しつづけた。巨大で非人格的な経営者企業がアメリカ経済のほとんどの部門で支配的になってきたのは、この第三期であった。

第一章　伝統的企業の専門化
――一七九〇年代から一八四〇年代

植民地の事業は個人的な事業であり、そこで扱われる財の量は少なく、そのペースは遅く、家族の役割は大変に重要だった。最も広範に存在した企業は、家族農場だった。一七九〇年のアメリカの総人口三九三万人のうち、人口二五〇〇人以上の都市や村落に住んでいたのはわずか二〇万二〇〇〇人であったし、二八八万一〇〇〇人の労働人口のうち、二〇六万九〇〇〇人が農場で働いていたのである。南部だけは、穀物栽培が奴隷労働に適していたので、主要産物の生産は家族的事業の域を越えるものとなった。家庭や農場以外でなされたわずかばかりの製造業は手工業者の作業場で行なわれていた。ときにそのような手工業者は、少数の徒弟、あるいは年季明け職人を雇っていたが、彼らは通常、家族の一員として扱われていた。製材業は土地開拓の副産物だったが、メイン州やノース・カロライナ州では木材が定期的に伐採されてマスト、円材、たる、たる木などに用いられていた。鉱山は植民地にはほとんどなかった。鉱業と製造業を通じての唯一の相当規模の経済単位は、「製鉄プランテーション」であったが、ここでは、鉄鉱石が採掘され、木材が木炭に変えられ、そして鉄は銑鉄に精製された。これらのプランテーションは、地域的な位置、季節的な操業、年季奉公の使用人、ときには奴隷の使用など、南部植民地の米やタバコのプランテーションと共通点が多かった。

これらの生産的経営体の活動は商人によって結びつけられていた。商人はそれらの生産物を市場に出し、生産者には原料、機材、備品などを供給していた。このよろずや的なビジネスマンがその植民地経済をにぎっていたのである。典型的なのは、沿岸港に住んでいた商人で、彼はひとりであらゆる種類の生産物の輸出と輸入、小売りと卸売りを行なっていた。彼は常連客には仕入れた商品を販売し、他の港の商人には彼らの代理店となって彼らの商品を委託販売して決まった手数料を受け取っていた。流通だけでなく、商人は金融業や運輸業も担っていた。農場主や農民、手工業者に長期貸付をして、彼らが土地を開墾したり設備を改善できるようにした。彼はまた輸送中の穀物や工業製品に融資するための短期貸付も行なっていた。彼は、他の商人と協力して、こうした商品運搬用の船を仕立てたが、しばしばこうした船を他のパートナーと共同で所有することもあった。パートナーとして、あるいは自分の責任で、最も広い意味ではあるが、船の船長や荷積監督、自分の代理店や遠隔地の港の取引店などに、何をどのくらい売買したら良いか指図した。彼はこのようなすべての事業のなかで、それにかかわるすべての人々を個人的に知っていた。ロンドン、西インド諸島、あるいは北アメリカの他の植民地でさえ、彼の代理人はふつう、親戚か信頼できる友人だった。

政治的な独立とともに、この個人的、家族的な事業の世界にも変化があらわれた。イギリスとの断絶でそれまでの取引形態は崩壊し、アメリカ商人はバルト海東岸諸国、レバント地方(地中海東部)、中国、東インド諸島を含む新しい地域に自由に出入りすることができるようになった。絶え間ない人口増加と、西はケンタッキー州、テネシー州、オハイオ州、北はメイン州、そして南西にはジョージア州までの急速な拡張が国内市場をひろげた。フランス革命勃発後、ヨーロッパと西インド諸島との運輸業は再び活気づいた。この新しい綿貿易の急激な成長こそが、合衆国の経済活動を刺激、拡大し、企業の専門化、事業活動の非人格化をひき起こした最も重要な、そして唯一の要因であった。

第一節　市場拡大と企業の専門化

商業の専門化

企業の専門化は、たとえ綿貿易が起こらなかったとしても、合衆国の最初の五〇年のうちに確実に起こっていたと思われる。ニューヨーク、フィラデルフィア、その他の大都市の商品の流通のなかに、すでに専門化はあらわれはじめており、そこでは、一定の製品系列で専門化した、多数の小売店や商店がすでに設立されていた。また、ニューイングランドと一部の中部の諸州の製造業のなかには、前貸問屋制度あるいは問屋制家内工業と、最初の素朴な器械使用がはじまっていた。しかし、アメリカの商業の新しい転換と拡大に一番影響を与えたのは、新しい、大量の綿貿易だった。

合衆国で綿は一七八六年までは営利目的には栽培されていなかったので、実際に目新しい農作物だった。一七九三年にエリー・ホイットニーが綿繰機の特許を取るまで、年間輸出量はすでに五五万ポンドあった。一八〇〇年までには二〇〇〇万ポンド、一八〇七年までに六六〇〇万ポンド、一八一〇年（ジェファーソン大統領が輸出禁止令を解除した年）までに九三〇〇万ポンドに達した。そして一八一五年（一八一二年の米英戦争終結後）までには八三〇〇万ポンドに達した。一八一五年に輸出された八三〇〇万ポンドの綿は、一七五〇万ドルとなった。一八二五年にはこれが三七〇〇万ドル、一八四〇年までには六四〇〇万ドルにのぼった。この綿の輸出量及び輸出高は、それまでの農作物——つまりタバコ、米、それに砂糖——のゆるやかな伸びとは際立って対照的である。タバコの輸出を例にとると、輸出高は一八一五年に八〇〇万ドル、一八四〇年でも一〇〇〇万ドルにしかならないのである。

綿花は、それまで気候と土壌が良くないために農作物を育てることができなかった南部の広い地域に商業的農業をもたらした。その上、南部の綿花は、北部の小麦が西方に移動するのより一世代早く、栽培地を西方に移動させた。綿花プランテーションは、農作物や材木、ウイスキー、馬、それにラバを東部やヨーロッパに運ぶ輸送機関がないために高くついた当時の西部の新しい開拓民に最初の重要な市場を提供した。

綿花は、ひとつの主要作物だけに限定する農業経営の普及を刺激する他に、商業にも専門化をもたらした。綿花貿易の未曾有の増大は、ニューヨークをこの国の先端都市にさせ、またよろず屋的なゼネラル・マーチャントたちを急速に衰えさせた。綿花貿易はそのはじめから、専門商人によって扱われていたのである——つまり、彼らは商品を所有しないで（投機をしたいときは別だが）、ひとつの製品系列だけに集中し、決まった手数料を受けとる卸売商人であった。彼らは、国際的な需要と供給によって決まる価格の変動を統制することができなかったので、商品を所有するという危険をおかしたくはなかったのである。これまで存在した商人ではなく、新参の人々がこの貿易をやりはじめ、新しいタイプの企業を考えだしていた。ニューヨークでは、はじめ彼らは綿布を販売し、原綿の集荷の手配をしにきていたイギリス繊維工場の代理店だった。綿花の輸出港、とくに新興内陸都市のコロンビア、オーガスタ、メーコン、モンゴメリー、ジャクソン、それにネチェッツでは、南部諸州の人とたくさんのニューイングランド人たちが、アラバマ州、ジョージア州の肥沃な黒土地帯とミシシッピ川沿いの低地帯を開墾した農場主たちの仲買問屋になった。

この綿花仲買問屋は、農場主から作物を買取り、食糧や道具類を供給し、必要なら信用貸しもした。もっと大きな町では取引量もずっと多かったので、活発な専門家がもうひと種類の商人——つまり、特定の依頼人なしで綿花の買手と売手をひき合わせ、手数料を受けとるブローカーが増えるに充分だった。一八二〇年代までには、ブローカーと委託商人(運送業者、保証人、金融業者でもあった)と船会社という混み入ったネットワークが、綿作物を内陸部から南部の港へ、それからニューヨークへ、ヨーロッパへと動かしていたのである。

南部の小規模な綿作農家や西部でもわずかに大きくなりはじめていた農家にとっては、商店経営者が内陸部と沿岸部を結ぶ最初の事業家だった。商店経営者は、仲買問屋が大農場主にしたのと同じように農民を相手に売買取引、金融を行なうという役割を果していた。そのちがいといえば、地方の商店経営主は自分が購入する農作物と、農民に売るために東部から持ってきた商品とに商標を付けたということである。

東部やヨーロッパから南部、西部に運ばれてくる工業製品、紅茶、コーヒー、ワイン、その他の生産物の流通経路もほぼ同じようなネットワークによっていた。これらの生産物を取扱う商人は、商標を付けて所有権を確保するよりも、委託販売で売買したがっていた。ほとんどの輸入業者やその他の国内市場への供給業者はしだいに、ひとつの専門化された種類の生産物、たとえば服地雑貨、酒類、金物、薬、食料雑貨、宝石、楽器などに集中するようになってきた。古い都市が大きくなり、新興都市があらわれてくると、こうした同種の商品を扱う専門小売店の数は増えていった。

国際貿易が複雑だったので、輸入商はしばしば商品に商標を付けた。また、服地雑貨商人は、イギリスが余剰物資をアメリカ市場でのダンピングをはじめた一八一五年の競売で織物を取引した。その規模はたいしたことはなかったが、これらの商人、金物買入人やその他の工場主は、一八三〇年代まではこの競売を利用していた。自ら取扱う商品に商標を付けるこれらの専門販売人はジョバー（仲買人）として知られるようになった。しかし、鉄道と電話が普及するまではジョバーは比較的人数も少なく、またニューヨークやフィラデルフィアに集中していた。ジョバーと代理商は、両方とも自分の町の小売商人、ときには南部や西部の代理商人に品物を卸していた。しかしながら彼らの一番の得意客は綿花仲買問屋と地方の商店経営者であり、彼らは年に二回定期的にニューヨークにやってきては、依頼主や自分の店の在庫のために品物を買ってゆくのだった。

輸送業の発展

取引量が多くなると、商品の流通だけでなく、それらの輸送にも専門化があらわれた。一七九〇年以後の数十年間の輸送業における一番重要な進展といえば、急速に一般運輸業者が起こってきたことであり（これはどのような商品でも港や事務所に配達する輸送企業のことである）、彼らは、一八一五年以降、しだいに決まったスケジュールで操業しはじめた。一七九〇年以前には一般運輸業といえば、駅馬車と荷馬車の路線がわずかあるだけだった。その数は、一九世紀初頭に多くの有料道路その他の道路が建設されるにつれて増えていった。一八一二年の戦争後、ニューヨークとリバプール、それからその他大部分のアメリカ、ヨーロッパの重要港を結ぶ小荷物航路が開通した。最初の小荷物輸送は、ニューヨークと南部の間の綿花貿易をまっさきにはじめたイギリス会社の代理店によって開始された。同じ頃、ミシシッピ川には蒸気船航路がひらかれ、その後東部の湾岸、海峡、河川にも開設された。一八二〇年代までに、新しく専門化した運輸会社は、しだいに代理商やジョバーに利用されるようになり、商品を合衆国内陸部から出入りさせるようになった。ただ、もっと遠隔地――アジア、アフリカ、ラテンアメリカ――との取引だけは、よろず屋商人によって行なわれ、自分の船を持って自分の商品を運ぶという伝統的なやり方が続けられていた。

金融業の専門化

金融業における専門化は、輸送業よりもさらに急速に訪れた。独立以前、植民地には認可を受けた銀行はなく、火災保険あるいは海上保険の会社もなかった。一八〇〇年以前にいくつかの銀行が創設されたが、一八一二年の戦争勃発時にかなり多くの銀行ができた。このような初期の銀行は商人に対して資金を共同出資できるようにし、資金を安全に預けておく場所を用意し、長期資本と短期貸付のより確実な資金源を提供し、さらには必要とされた通貨準備のための紙幣の発行を可能にさせた。同様に重要なことは、この新しい金融機関ができて、商人は銀行業務を専門家に譲れるようになったことである。銀行の取締役会は貸付、割引、それに預金について総括的な方針を定めた。はじめは会社のメンバーがそれぞれの貸付を決裁していた。しかしすぐに専任の有給の出納係と頭取とが自分たちだけで貸付を行ない、同様に金融取引に含まれるあらゆる日常業務をこなすようになったのである。

ナポレオン戦争終結後、商業は新しい様式に変わってゆき、銀行は急増した。一八一六年にはこの国に総計二四六行もの銀行を数え、この年だけで三八行もの銀行が認可された。一八二〇年代にはその増加もおさまり、一八二〇年代後半には銀行の数は三〇〇行強に落ちついた。一八一六年に認可された合衆国第二銀行を除いて、これらの銀行は基本的には地方的な活動にとどまっていたが、南部と西部の銀行の多くはニューヨークやフィラデルフィアに代理店をおいていた。第二銀行は、――この国のすべての場所に支店を持っていたが――ニコラス・ビドルの効率的な経営管理のもとで、農産物、特に綿花の移動に対する金融を集中的に行なった。しかし一八三六年の譲渡とともにこの支店銀行運営の試みも終わりを告げた。結果的にこの国は、一九一三年に連邦準備制度が制定されるまで、実際に中央銀行制度なしでやってきたのである。

保険の専門会社の起こりは銀行のはじまりと似ていた。保険の専門会社に資産をプールすることによって、商人、それから代理商や専門化した海運会社もより低い保険料率を得ることができた。新しい保険会社の有給職員――つまり鑑定人と検査人――は取引のなかでもより実務的で日常的な側面に専念できた。最初の海上保険会社は一七九二年に法人化されたが、一八〇〇年には一二社、一八〇七年までに四〇社になった。火災保険会社が発展するのはそれより少し遅かった。一八三五年のニューヨークの大火までは、火災保険は地方で小規模に、しばしば海上保険会社によって契約されていた。生命保険の分野では独立以前にもすでにひとつかふたつの会社はあったのだが、それが普及するのには時間がかかった。一八四〇年代なか頃まではほんのひとにぎりの会社が操業していただけで、この時期、最初の相互生命保険会社が設立された。生命保険が重要な事業になったのは、この国が急速に工業化、都市化しはじめてからである。

工業生産の発展

一七九〇年以降の市場の拡大は、農業、貿易業、金融業と同様に工業にも影響を与えた。地方の客から注文を取って生産をしていた職人たちは、遠隔地や見知らぬ人々のために生産することで産出量を伸ばしはじめた。増産達成には三つの方法があった。それには年季明け職人や徒弟の追加による職人の労働力の拡大、家内工業制や前貸問屋制度の導入と拡張、機械の利用がある。

最初の方法――労働力の拡大――は特殊技能を要するぜいたくな業種のなかで用いられた。建設業でもそれは重要な方法だった。前貸問屋制度は一七九〇年以前にも二、三の例を見ることができたが、簡単な家具、靴、むぎわら帽子、手袋、レース、ストッキングなどの服装品、帆布、シーツ、良質のリネンなど亜麻からつくられるすべての織物、綿や羊毛の布などの生産に用いられた。これらの商売においては、職人あるいは商人が原料を手に入れると加工のため自分の家に持ち帰り、できあがった商品を最寄りの都市や町の代理商かジョバーに受けわたすよう取り決めていた。

合衆国では、イギリスや大陸ヨーロッパの国々に較べて、前貸問屋制度や徒弟を増やすことよりも、機械の導入という方法が、急速に成長する遠隔地市場のための増産に用いられた。その機械の多くはイギリスから来たものだったが、新しい機械の多くは器用なヤンキーのいかけ屋によって改良され、あるいは発明されもした。機械は農作物の加工に早くから用いられた。一七八五年には早くも、オリバー・エバンズがデラウェア州のブランディワイン港で機械精粉機をつくった。このような精粉機は数を増やし大型化し、精粉業の中心地はフィラデルフィア、ウィルミントン、ボルチモア、リッチモンドの小川から、ニューヨーク西部のロチェスター、バファローへと西漸した。機械化は材木業でも重要になった。材木業はたくさんの小型水力ののこぎりを使っていたが、一八一五年以後急速に成長し、独自の専門卸売人と小売店を育てていた。機械化はまた木製品の製造にも広く取り入れられ、それには時計、家具、木工品（羽目板、暖炉棚、ドアなど）、斧の柄、鍬その他の道具類、銃床、帽子の型、靴型なども含まれていた。一八三〇年代には、溶鉱炉の改良と原鉱石の鋳鉄作業機の発達が簡単な金属製品、例えばシャベル、鍬、のこぎり、斧その他の器具、銃身、ナット、ボルト、そして釘などの生産を促した。しかしながら、金属製品が機械で量産されるようになったのは、一八三〇年代後半から一八四〇年代に新技術を通して、鉄、銅、それに真鍮が大量に生産されるようになってからのことだった。

石炭と蒸気機関が一八四〇年代に大規模に利用されるようになるまでは、アメリカの工場や作業所は小規模な家族経営で、季節的に操業するだけの所も多かったということは、いくら強調してもしすぎることはないほど重要である。一八三〇年代でさえ、資本金一〇万ドル以上で従業員一〇〇人以上の企業というのは極めてまれで、資本金五万ドル、従業員五〇人という企業は大規模企業だと考えられていた。農作物の加工は、秋から冬にかけてのみ操業していた。製材業は、精肉業同様（まだ機械作業ではなかった）冬の仕事だった。また時計、家具、木工品、その他機械でつくられる木製品の生産も同様だった。靴、帽子、その他、前貸問屋制度による商品の生産も冬かあるいは農閑期に限られていた。一八四〇年代以前には、小工場は近隣農家からの時間給労働者に頼っており、彼らへの報酬は、しばしば現金よりは現物支給で支払われていた。主として木製で水力で動く簡単な器械の操作には、直接の継続的な監督の必要はほとんどなかった。

工業生産の新しい形態――工場

一八四〇年代以前のアメリカ工業を語る上での大きな例外が繊維工業だった。小さな紡績工場の最初のものは一七八九年にロード・アイランド州ピュータケットでサミュエル・スレーターが始めた事業だったが、一八〇七年まで工場生産はゆっくりとひろまっていった。その年のジェファーソン大統領の通商禁止令は、イギリスからの輸入を止めることによって、工場の数を急増させた。それらの工場は他の製造業の工場と似かよってはいたが、資本金と労働力は若干多かった。工場は近隣農家から募った家族に頼っており、彼らは工場で働くことを主な仕事にしてはいたが、給料は現金に見合うだけの現物で支払われ続けていた。こういう工場で生産された紡ぎ糸のいく分かは、家庭に持ち帰って織られることもあった。そのほとんどは、輸入工業製品の流通のためにつくられた代理商人とジョバーのネットワークを通じて、より遠隔地の市場に売られていった。

マサチューセッツ州ボストンのすぐ西にあるワルサムで、フランシス・コボット・ローウェルが合衆国初の水力織機をつくり、それを紡績機械とつないでひとつにまとめて一八一五年に繊維工場を完成させたときに、大きな変化がはじまった。ひとつの動力を用いて同じ建物のなかに、たくさんの紡績機と織機をすえつけることにより、ローウェルはヤードあたり非常に低いコストで粗い平織の白布を生産することを可能にした。マサチューセッツ州スプリングフィールドとメリーランド州ハーパースフェリーの二カ所の政府軍需工場という例外を除けば、この統合化された綿工場が合衆国最初の本当の意味の工場だった。この工場内の作業は体系的に細分化されていた。三〇〇人という大量の常勤労働者が専門化した日常業務を行ない、定期的に現金による賃金支給を受けていたのである。

この工業の新しい形態は技術革新以上のものを必要としていた。必要な労働力を得るために、ローウェルはそれまで使われたことのない労働力供給源を開拓した。それはニューイングランドの農家から、学校は終えたがまだ結婚していないという少女たちである。絶え間なく布を生産するために、ローウェルとその仲間は自分たちの機械工場と漂白工場をつくった。工場建設のためだけでなく、前代未聞の大量の綿を買付け、多額の賃金を支払うのに必要な資金を得るために、彼らは会社を初めは資本金六〇万ドルで法人化し、それからそれを一〇〇万ドルにして株を多くのボストンの一族に売った。生産物は従来の代理商のネットワークを通して市場に出したが、すべての販売をひとりの代理商にまかせ、その代理商は取引量が莫大なため、手数料はただの一パーセントで快くひき受けたのである。

しばらくの間、この動力織機のおかげで、小工場、とくにロード・アイランド州の小工場は命をつなぐことができた。これらの工場主はマサチューセッツ州やロード・アイランド州製の織機を一台一〇〇ドル以下で購入できたのである。しかし、小工場で五〇人以上の従業員を雇い、五万ドル以上の資本金を使っているところはめったになく、大規模な統合工場と競争してゆくのはむずかしかった。ローウェルの会社の収益は高く、不景気だった一八一九年から二一年でさえ収益は半年に八パーセントから一三パーセントあり、この工場は急速な拡張をとげた。一八二二年にはワルサムの先駆者の仲間たちは、マサチューセッツ州北部のメリマック川のほとりに計画された産業都市を建設し、ローウェルから名を取ってローウェル市と名付けた。一八二〇年代の終わりまでに、この町には一〇以上の最大級の統合工場ができた。他のニューイングランド人たちもすぐにボストンの仲間にならい、メリマック川、コネチカット川沿い、それにメイン州、コネチカット州、バーモント州の小さい川に同じような工場を建設した。他の工場はほどなくニューヨーク州、ニュージャージー州、ペンシルバニア州にもあらわれた。一八四〇年代までにこれらの工場は小工場を駆逐してしまったのである。一八二〇年代後半から一八三〇年には、同様な工場制度の形態が紡績、毛織物、それから絨毯、メリヤス、ロープなどの完成品の生産にも適用されはじめたのである。

しかし、一八四〇年代までは大量の恒常的な労働力とかなり大きな固定資本および運転資本を必要とする、こうした工場は繊維工業に集中していた。北東部の最も工業化した一〇州の製造工場についての一八三二年の財務省報告書には、資本金一〇万ドル以上の製造工場が一〇五社あげられている。そのうち八八社が繊維会社で、一二社は製鉄業者だが、そのほとんどは古いタイプのいわゆる「鉄製プランテーション」だった（残りの五社はそれぞれ釘と帯鋼、銃砲、ガラス、精塩、水力機械を生産する会社である）。この報告書にあげられている従業員二五〇人以上の三二社の内、三〇社は繊維工場である（他の二社は製鉄所と釘、帯鋼工場）。

アメリカの産業のなかで繊維工業以外の工場が重要になったのは、低価の石炭と鉄鉱石が合衆国内で手に入るようになってからのことであった。他の産業でも、蒸気機関が輸送機関を改善し、運送料金が安くなって市場が拡大するまでは、工場は姿をあらわさなかった。同様に重要なことは、蒸気機関車が、費用のかかる工場施設や設備を継続的に操業するためには不可欠な、原料と製品の定期的で安定した搬入出の流通を、夏冬ともに可能にしたことである。というのは、沿岸地域を除けば、工場が集中していた地方では冬には氷にはばまれて、大量の水上輸送はできなかったからである。アメリカ産業のなかで繊維工業の工場がいちはやくあらわれたのは、鉄製ではなく木製で革ベルトを使ってうごく機械を用いることができたこと、簡単で安価なものの生産に集中できたこと、それに既成の水路や流通チャンネルを使った原綿の搬入、製品の布の搬出をする着実な流れがあったことによるのである。

さて、一八四〇年代までの合衆国の企業の支配的な形態は小規模で、ヨーロッパのルネサンス以後の生産、流通、金融、運輸を扱っていた企業とそれほどのちがいはなかった。それでもやはり一七九〇年以後の経済活動量の増加は合衆国経済の制度的機構をドラスティックに変えはじめた。それは企業の専門分業化を促し、合衆国内の新しいタイプの事業会社の初期の発展へと導いた。そうしているうちに、植民地のよろず屋商人の個人的経営は終わりを告げた。綿仲買人、代理商人、ジョバー、ブローカー、運輸業者(郵便船、蒸気船、水路航路を含む)、銀行出納係、保険の監査人と検査人、工場主、工場の会計係と経営管理者は、一様に見知らぬ人々と取引していたのである。非人格化と専門化が進むということは、物資の流れが原料あるいは半加工原材料の生産者から工場主へ、それから最終的な消費者へとだんだんと長く複雑になる事業単位のつながりを通過しなければならないことを意味していた。

この流れは、もちろんまだ比較的ゆっくりとしていて間接的だった。風向き、水流、氷、洪水の気紛れのために、生産者から消費者への通り道にあるたくさんの専門化された単位を通る流れは不確実で変動があった。この流れをコントロールしたり管理指導しようとする制度あるいは団体はなにもなかった。そのような調整は、需要と供給という非人格的な見えざる市場の力が行なっているように思われた。将来の生産、流通、輸送の経営資源のための長期投資もまた同様だった。市場の力は自由な支配力をもち、経済のなかでの事業単位は小規模でほとんど資本投下をする必要がなかったので、一八三〇年代のアメリカ経済は、古典経済学者によってしるされたのとほとんど類似した方法で展開していたのである。

第二節　近代的管理の先駆

一八四〇年代以前は事業単位が小さかったので、企業内の専門化はほとんどなかった。ほとんどすべての事業は事業主自身が経営していた。また、綿密に開発された内部組織、詳細な統計数字、それに近代企業のメルクマールとなっている原価計算などはまだ必要とされていなかった。商人は――まだこの経済の中心的なビジネスマンだった――そのような技術を必要としなかった。実際、ただひとつの製品と職能を扱う専門化と、――そして実際に製品を売買するのではなく、代理手数料を受けとるという慣習のため――代理商の業務の内部的管理は先輩のよろず屋的な植民地商人のそれよりも単純だった。この代理商は扱う製品もより少なかった。製品が自分の倉庫を通過するのを気づかうことも少なかった。初期の植民地商人と同じように、彼は五〇〇年前にイタリアで発達した簿記と会計の方法に全く満足していた。複式簿記はさまざまな入荷、いろいろな商品、そして他の商人とのさまざまな取引における利益と損失をあきらかにした。このような計算は、ひとつの会社の当期利益と損失をあきらかにするためにだけ用いられた。しかし、これはコストの査定や財務上の結果、過去の操業などを正確に評価するための手段としては全く用いられなかった。スチュアート・ブラッキーが一九世紀初頭の商人について書いているように、「経験は新情報より重要ではなかった」のである。

新しい専門金融機関——銀行と保険会社——にとっては、過去の経験はすぐに現在の情報と同じ位重要なものになったが、初めはそれによって技術上の革新がされることはあまりなかった。出納係、銀行頭取、それに鑑定人はアメリカの株式会社初のサラリーマンだったが、彼らが貸付、預金、手形発行あるいは保険料としての払い込みや賠償請求に支払われた資金などを勘定するために現行の取引手続を改善することはたやすかった。商業界のより初期の経験はまた、非常勤の取締役会から日常業務と同じく戦略的な決定をも受け継いでやり始めるときに彼らの役に立ったのである。

農場、店、製造所、定期蒸気船、駅馬車などの持主、あるいはその他の一般運輸業者も、新しい取引方法が必要だと感じてはいなかった。会計と内部組織は主に個人的な采配に留まっていた。この一般的原則にはふたつの例外があるだけだった。

つまり、それは南部のプランテーションと北部の繊維工場であり、内部の労働力配分のためには下部単位の仕事の定期的な監督、調整を確実にするための準備が必要であった。

プランテーション農場には専任の管理者――つまり五〇人から一〇〇人もの奴隷の日課を管理する監督がいた。しかし監督の仕事には組織的な管理運営という方法はほとんど必要なかった。奴隷の仕事の調整は伝統的、季節的な形式を追ってゆくだけでできたのである。この監督も農場主も、几帳面に帳簿をつけるようなことはしなかった。プランテーションの簿記は、ふつう農場主の代理商が、通常の商業のやり方でつけていた。そのような簿記を見ても、農場主も代理商も、実際の費用、利潤、あるいは操業効率などはほとんどわからなかった。プランテーションという古い土地所有制度は、近代企業の発展には何のインパクトも与えなかったのである。

他方、繊維工場は近代の産業企業の純粋な前兆だった。ただそれは前兆であったにすぎず、新方式の先駆者という訳ではなかった。その理由のひとつは、この企業を管理した人々が経験ある商人であり、伝統的な商業のやり方に完全にはまっていたということである。もうひとつの理由は、技術上、そして財務上、新しい問題が全く生じなかったということである。繊維工場の維持、管理には、鉄道や金属工業ではすぐに必要となるような技術や精度は要求されなかった。木製機械と革ベルトの動力伝達システムは建物のなかでたやすくつくったり修理することができた。製造過程の各段階は、それぞれ工場の各フロアで行なうことができた。ほとんどの工場では、原綿は建物の外に積まれ、それから洗われて木製のシリンダーの上におかれ、一階で刷毛ですかれ、二階で紡がれて撚り糸になり、三階で仕上げられ、四階で織られ、五階で整えられてから寸法をとり、出荷用にたたまれた。監督、あるいは各フロアの職長は自分の部署のすべての工員を容易に見ていることができた。工場の管理人（工場長）は、ひとつの部から他の部への材料の流れを個人的に把握することができた。

簿記もまた、単純だった。ローウェルと彼の後継者は最初から利用できる大量の運転資本が得られることの重要性を認めていたが、このほとんどはたったふたつの項目になってしまった——すなわち、原綿と賃金である。残りの支出は一括して勘定され、ときにはそれだけで全摩損コストのかなりな割合を占めていた。しかしながら通常は、そのような減価償却は単に例外的に成績の良かった年の利潤のなかから資金を取りくずして処理されていた。繊維工場の管理者にとって、運営、会計上のむずかしい問題は何もなかったのである。

実際、これらの企業の中心の経営管理には、仕事上の職能がひとつひとつはっきりと分れて行なわれる必要はほとんどなかったのである。財務部長（取締役会の専任の代表者で、通常はボストンに住む商人）は金と物資を扱った。彼は自分で運転資本、固定資本を手に入れたり、借入れや配当金の支払いに関与するだけでなく、原綿の買付けもしていた。工場管理人は工場を動かした。彼は工場のある街に住み、もっぱら人事、機械の管理と工場内の物資の動きに専念した。できあがった布は販売会社によって市場に出されたが、それはふつう全くの別会社だった。しだいに、このマーケティング会社は単に一パーセントの手数料を受けとって商品を流通機構にのせるという機能以上のことをひき受けるようになった。すなわち、マーケティングのための金融上の責任をひき受け、工場主のために保険と銀行サービスのいくつかを取扱い、重要な資金源となり、そして工場の生産すべき商品の品質、型、量に至るまでを決定したのである。しかしながら一九世紀全体を通じて、生産、マーケティング、そして財務の精密な機能はそれぞれちがう人々の統制下にあり、彼らはしばしば何週間も互いに顔を合わせることがなかった。こうした機能の分化は、財務と管理上ひきつづいて行なわれた商業の慣行と同様に、この繊維工場が近代の管理技術にはほとんど寄与していないということを意味していたのである。

このように、一七九〇年以降半世紀の間、合衆国内の市場の拡大は、非人格的な市場経済のなかで機能する専門化した経済単位を生みだす一方で、市場の大きさも、また技術の複雑さも近代的な大規模企業を形成するほどのものではなかった。企業間の関係は割合に非人格的になってきてはいたが、企業内部は従来通り、非常に人格的な関係だった。繊維業だけは一八四〇年以前に近代的で非人格的な工場を持っていたが、最大級の規模の繊維会社でさえ近代企業の形成にはほとんど寄与していなかったのである。

第二章　近代企業の生成と展開
――一八四〇年代から第一次世界大戦まで

近代企業は一八四〇年代から第一次世界大戦までの数十年間に起こり、その第一の成長期をむかえた。その起こりは、市場の拡大としだいに高度化してきた工業技術の両方に影響された。アメリカ市場は一八四〇年以後、それ以前より急速に成長した。一八四〇年代の一〇年間にヨーロッパから大移民が合衆国に渡りはじめ、この流入はその世紀の終わりまで続くことになった。急速な人口増加――一八四〇年の一七一〇万人から一八九〇年の六三一〇万人に――で、農業に適した土地のほとんどはこの時期にふさがってしまった。同時に都市人口が地方よりもずっと速い速度で増加しはじめた。人口増加率が高くなっても、生産性はレベルを上げ、国民一人あたりの所得――それにともなう購買力――は一八四〇年以後急激に伸びた。リチャード・A・イースタリンによれば、国民一人あたりの所得は一八四〇年の六五ドルから一八八〇年には九五ドル、一九〇〇年には一一三ドルになったという。

技術革新の影響

しかしながら一八四〇年以後の市場拡大はもはや合衆国企業の進展を大きく左右する力とはならなかった。有力な影響力は工業技術だった。市場の拡大は生産諸要素を結びつける事業単位の専業化を進めたのに対し、新しい工業技術は企業内で分業化した多くの事業単位を、全体としてひとつに統合するように導いたのである。

新しい工業技術は、輸送、流通、それに生産の過程を変革することによって、産出される財やサービスの量とそのスピードを著しく増大した。その代り、量が増え、スピードが上がると、新しい過程を企画、監督する管理者を増やす必要が出てきた。仕事の速度が速くなると、生産や流通の過程でもっと大量の物資、人材、機械を、もっと効率的に使えるような新しい組織的な手順、計画が必要になってきたのである。

これらの根本的な変化の中心は、新しい原動力（蒸気）の採用とエネルギーの基礎資源（石炭）の利用であった。蒸気機関は一挙に交通機関に応用された。アメリカ人は河川、湖、それに入江に蒸気船をうかべた草分けだった。ジョージ・スティブンソンがイギリス、レイン・ヒルで蒸気機関車の陸上輸送での実用性を決定的に世にひろめてからわずか一年後の一八三〇年に、アメリカ人は自分たちの蒸気機関車と鉄道を建設しはじめたのである。一八四〇年までには三〇〇〇マイルの線路を敷き終えていた。しかし、当初この鉄道は従来の水路輸送の補足物にすぎなかった。一八四〇年代後半と一八五〇年代になってはじめて、この速くて規則正しい、全天候型の輸送形態がアメリカの商品流通に革命を起こしはじめたのである。

新しい生産技術の採用はもっと遅かった。アメリカ人は、ジェームズ・ワットの蒸気機関の発明が一七七〇年代に営利目的に実用化されたときからその有用性を知っていた。彼らは、イギリスの溶鉱炉ではコークスが長い間使われていることも、また、イギリスでは一七八〇年代にヘンリー・コートが開発した銑鉄製造過程の圧延、精錬技術が急速にひろまっていることにも気付いていた。また一九世紀のはじめには、砂糖、アルコール、それにビールの大量生産に高温処理をするというイギリスの技術革新も学びとってきていた。同じ頃アメリカ人は（エリー・ホイットニーがその分野では先駆者として知られているが）金属工具と機械の組立、製造に交換可能な部品を用いるという技術を苦心して開発しはじめた。これらすべての印象的な工業技術の進歩にもかかわらず、一八四〇年以前のアメリカ人は溶鉱炉、金属工業、精錬業に蒸気機関や石炭使用の新生産方式をほとんど利用していなかった。

これら新工業技術の採用が遅れた第一の理由は、東部——つまり合衆国でもっとも産業の発達していた地域——に石炭が不足していたことだった。一八三〇年代初頭にペンシルバニア州東部の無煙炭地帯に水路が完成する前は、入手可能な石炭はバージニア・ジェームズ川沿いの小さな炭鉱からくるか、ノーバ・スコシヤ州の低品質の鉱床からか、あるいはイギリスから底荷で運ばれてくるかだけだった。無煙炭鉱からの産出物は、はじめは主として港町の暖房用に用いられた。その後一八三〇年代後半から一八四〇年代には無煙炭はしだいに工業と輸送業にとり入れられるようになった。一八三〇年代にはアメリカの近代的な鉄鋼業がペンシルバニア州東部ではじまり、石炭を用いる圧延、精錬の方法によって銑鉄から鉄棒や鉄板が生産された。次の一〇年間に、無煙炭は銑鉄そのものを生産するのにも用いられるようになった。一八三〇年代後半から一八四〇年代には、蒸気機関と溶鉱炉用の燃料が入手できるようになって、刃物類、金属工具、用具の大量生産が初めて可能になったのである。その後一八四〇年代後半から一八五〇年代には、この新しい鉄と燃料の資源によって金属製機械の製造に交換可能な部品を用いることがしだいに多くなってきた。また、超高温蒸気とその他の近代工業技術の利用が砂糖やその他蒸留業、精製業ですすんだのも、一八五〇年代だった。

このように石炭の利用はコストを下げ、生産単位あたりの産出量を増加させた。蒸気はすばやく水力にとって代った。一八四〇年代の終わる頃には、蒸気機関による工場はまだまれであった。二〇年間に、アメリカ工業で用いられた馬力の半分は蒸気によって生みだされるようになった。一九〇〇年には、馬力の八分の七は蒸気によるものだった。合衆国の石炭消費量は莫大になり、一八五〇年に八三〇万トンだったのが一八八〇年には七九三〇万トン、一九〇〇年には二億五八七〇万トンになった。

交通と通信の革新

石炭という新しいエネルギー源のおかげで、財貨の生産は激増し、輸送と通信には革命がもたらされ、コストが下がり、その流通のスピードが増大した。一八五〇年代の一〇年間に鉄道はアパラチア山脈を越え、またたくまにミシシッピの谷に延びた。一八六〇年までに三万マイルの鉄道を敷き終え、ミシシッピ川以東の基本的な鉄道網をつくりだした。一八六九年には太平洋にとどき、一八七五年までには七万四〇〇〇マイル以上の線路が作動して、この国の基本的な陸上交通システムができあがっていた。一八七〇年代の不況期の後の再度の大規模増設により、現在の鉄道網がほぼ全体に行きわたった。鉄道にとっては、西部の一部だけが未開地として残るだけになった。

　鉄道が大陸を横断している頃、電信も同じように伸びていた。一八四四年に発明された電信は一八四七年に実用化されはじめた。鉄道経営者たちはすぐに電信が列車の安全性と効率的操業を保証する、はかり知れない手助けになることに気付いたし、また電信を促進している人たちも鉄道が非常に都合の良い公共施設用地を提供してくれることを知った。電信は鉄道よりもずっと安く簡単に施工できるので、一八六一年に太平洋にまずたどりついた。このときに五万マイルの電線が作動していた。その二〇年後の一八八〇年の国民調査（センサス）によると、年間三七万三〇〇〇通の電報が二九万一〇〇〇マイルの電線を伝わって流された。一八八〇年代に実用化された電話は、はじめは電報を補っているにすぎなかった。一八九〇年代に「長距離電話」が開発されるまでは、電話はほとんどすべて地方回線にのみ用いられていた。鉄道が郵便の動きをはやめることによって通信を進歩させたが、電報や電話は全国いたるところへの即時通信を可能にした。

このようないくつかの力の集まり――安い石炭・蒸気・鉄の提供、鉄道と電話網のひろがりによる通信、輸送の低コスト化とスピードアップ、鉄道が四季を通じ、定期的に物資をすばやく運ぶという保証、人口とひとりあたり所得の増加を反映して伸びる需要――これらすべてが工場を急速に拡大させた。恒常的な労働力、費用のかかる機械やその他の設備を備え、動力や熱を石炭に頼っていた工場や製造所は、すぐに家内工場、農場、小さい商店、作業所にとって代り、合衆国の基本的な工業生産単位になった。一八八〇年のセンサスでは、機械工業に雇われている三〇〇万人の労働者のうち、少なくとも五分の四は工場で働いていた。機械工業以外で、高温利用の工業――溶鉱業、鋳造業、蒸留業、精錬業では、工場に雇用された労働者は確実にもっと多かった。

新しい工場と機械を動かすにあたって、製造業で初めて、内部組織と経営者の募集、育成に深い配慮をすることが必要になった。企業を通しての財貨の流れとスピードが変わったこととともに、仕事の細分化の進行と生産過程の技術の複雑化のために、注意深く予定や計画をたて、機械と設備そしてそれを動かす人々が整然と使用されるようにしておく必要があった。しかしながら、最も複雑な新しい工場でも小さな鉄道の操業に比べればそれは易しかったのである。

一八五〇年代までに、運送機関への蒸気と鉄の採用は世界史上かつてなかったほどの大企業を生みだしていた。その後の五〇年間、鉄道は他のいかなる事業よりも多くの資金、人材、設備を調整、統制しなければならなかった。これほど注意深く細心に操業され、またこれほどの資本の大規模な消費をしなければならなかった事業は、他になかった。技術が中央統制を必要とした唯一の他の事業は、新しい電信網事業だった。このように鉄と蒸気の新しい実用化（それに電信の場合は電気）は合衆国の輸送と通信に革命をひき起こし、またこの国では初めての近代企業――つまり多くの専門化された事業単位の調整、監督、評価、企画を行なった最初の企業

――の建設をおしすすめたのである。

これら運輸業、また後には工業の企業を管理するためには新しい経済人種――プロの専門の俸給経営者――が必要だった。それには商人や職人だった人はまれであった。彼らは新しい血統のビジネスマンであり、土木技師あるいは機械技術者として訓練を受けた。こういう訓練ははじめは仕事の上で行なわれたが、後には専門学校や大学で行なわれるようになった。実に、この国最初の技術学校は、専門の技術者に対する新しい企業のニーズにこたえてつくられたものであった。彼らはまた自分たちの専門家の協会を初めて設立した最初のアメリカ人のグループだった。新しい事業の技術が古い商業の世界のものとは異なっているのと同様、彼らの受けた訓練、経験、そして生き方全体は、前近代的産業経済を営んでいた商人のものとは根本的にちがっていたのである。

第一節　鉄道――この国最初のビッグ・ビジネス

鉄道は大規模企業が持つ財務上、管理上のすべての問題に対処しなければならなかったので、その鉄道の経営陣は、近代的経営の先駆者にならざるをえなかった。初めから、アメリカの鉄道の建設と経営には、莫大な量の金銭と多数の雇用者とを要した。一八五〇年代半ばまでに、少なくとも一五の鉄道会社が五〇〇万ドル以上の固定資本の投資をしていた。東部とミシシッピ渓谷を結ぶ四つの大きな統合線は一八五一年から一八五四年の間に完成したが、その資本原価計上額は一七〇〇万ドルから三五〇〇万ドルの間にあった。最大の工業企業――古くは繊維統合工場、新しくはレールの統合工場――でも資本金が一〇〇万ドル以上あることはまれだった。東西幹線に用いられた運転資本でさえも毎年二〇〇万ドルから三〇〇万ドルもかかったが、繊維工場の場合は通常三〇万ドルから五〇万ドルだった。決定的に異なるのは、繊維工場では一五〇人以上の従業員を雇うことはまれであり、その仕事はみな似たようなものであったのに対し、鉄道は広い範囲のいろいろな仕事をする四〇〇〇人もの従業員を雇っていた点である。

金融・証券市場の形成と企業財務

ひとつの鉄道会社が巨額の財源を必要とした結果、重要なことがふたつ起きた。ひとつは企業外部に、もうひとつは企業内にである。一八五〇年代に鉄道建設に巨額の金が必要だったことにより、合衆国に専門の投資銀行があらわれ、ウォール街にこの国の金融市場が集中し、制度化された。一八五九年までにアメリカの鉄道に投資された一〇〇〇万ドル以上のうち、七〇〇万ドル以上は一八五〇年以降に供給されたものだった。この間に有価証券の購入、販売、譲渡という近代的方式があみだされた。また同様に特権付き売買、空売り、信用買いなど投機の標準的な方法もつくりだされていた。

現在の金融証券も、一八九〇年代とその後に工業企業の融資に用いられたものも含めて、この時期に発達した。鉄道は資金を地域の実業家よりも遠方の出資者に頼らざるをえなかったので、資金調達には株式よりも債券が広範囲に使われはじめた。鉄道創設者とその沿線住民は外見上、株式取得によって統制しているように見せたがったのだが、東部やヨーロッパの投資家は債券の方がより安全な投資だと考えていた。第一、第二、第三の抵当付き債券、収益債券、社債券、さらに転換社債もあらわれ、また種々の優先株もあらわれた。発行手形が多種多様でその上巨額だったために、かなり大きな鉄道の財務部長は終始、固定資本と運転資本の配分の調整と促進に追われていた。彼には、繊維工場の財務部長のように購買担当者として働く時間はなかった。実際、彼には、企業の内部取引を監督する部下の職員が必要だった。

会計検査員というこの職員は、鉄道が繊維や製鉄の工場とは異なり、多数の従業員が金銭を扱っていたことによってつくりだされた。繊維工場では、財務取引にかかわった従業員といえば（財務部長を除けば）工場長だけで、彼は職人への週給の支払いを監督していた。ところが鉄道では車掌、駅員、貨物及び乗客担当者は毎日金銭を受けとるので小銭はすべて計算されなければならなかった。会計検査員はまた、価格決定や原価計算の仕事も手伝った。繊維工場が一、二種類の生産物を産出し、たった一種類の原料を購入していた（その価格は国際市場で決められていた）のに対し、鉄道は莫大な数の商品を扱ってその代金を定めなければならなかった。価格は部分的に二、三の競争会社によって相場が定められただけにすぎなかった。原価計算も、繊維工場のものよりははるかにむずかしかった。かかわる項目もさらにたくさんあった。固定費はずっと大きかった。変動費はいろいろな路線や設備によって変化したので算定するのはずっとむずかしかった。減価償却と老朽化の金額ははるかに大きかった。こうした理由から、近代的な原価計算は――合衆国では――初期の繊維工場や製鉄プランテーションにではなく鉄道ではじまったのである。

鉄道会社の組織と管理

大鉄道会社の業務には、その財務活動の管理よりももっとむずかしい問題さえ起こっていた。工場長ならば半時間で自分の監督下のすべての労働者の仕事を個人的に見回ることができたが、大鉄道会社の総支配人は自分の責任下のすべての人事、設備、操作場、転轍場、そして建物（停車場、終着駅、事務所、機関車庫、そして修理場）を見回るだけで一週間はかかった。他の運送業者――駅馬車、荷馬車、運河船、あるいは河川や沿岸の蒸気船――は自分の路線用地を建設・維持しているところなどなかった。すなわち、彼らは自分の路線用地を使用する運送業者として、有料道路や運河を使うことはめったになかった。しかし、鉄道は自社の列車を、通常はたったひとつの何マイルにもわたる線路の上だけで操作しなければならなかった。衝突を避けるため、もっとこみいった問題としては、上下線の直通列車と各駅停車の両方の機関車、車両、その他の設備を着実に動かせるように、きわめて細心な監督が必要だった。

一番苛酷な形でこれらの業務上の難問と直面した最初の鉄道は、国の主要地を結ぶ長距離線だった。路線が短い間は、それらの管理は比較的単純なものだった。ボストンとウースター間の四四マイルの路線の場合、列車はそれぞれの終着駅から日に三度出発した。中間点のフラミンガムで無事両者が出会うと、衝突の心配なくそれぞれ目的地に進んでいった。ここではたったひとりの総支配人が四つの異なった職務——列車の動きと交通量の動き、線路の保守、機関車と客車の維持、そして会計と財務——を受け持つそれぞれの管理者の仕事を、個人的に監督、調整していた。しかし、一八五〇年代に完成した離れた産業都市を結ぶ長距離線、たとえばニューヨーク市とエリー湖の港、フィラデルフィアとピッツバーグ、あるいはボルチモアとウィーリングなどの場合、管理はもっと複雑になってきた。

これらの大規模鉄道は七五から一〇〇マイルの保線区が組み入れられており、新しい管区が運営されるときには、そこに元の単位のものと同じ職能構造がつくられた。一八五〇年代半ばまでに、いくつかの鉄道はすでに三個から五個の管区を持ってそれらを統合していた。いくつかの似たような単位の仕事を調整・統制、評価するために会社は、総支配人と、四つの職務活動をひとつの執行業務として担当する幹部とからなる本社を設立した。この時点で、新しいトップの経営者たちは、本社の職能部の役員と営業管区のそれとの関係を明らかにしなければならなかった。彼らは、本社とそして地域的には限定されているが職能的には組織的に動いている営業管区の間のどこに権限体系をひくか指示しなければならなかった。

一八五〇年代にニューヨーク・エリー湖線の総支配人のダニエル・C・マッカラムと、ペンシルバニア社社長エドガー・トムソンは、ラインとスタッフの責任を分けることによってこの基本的な管理問題を解決した。彼らはそれぞれ、社長の権限を総支配人に委任し、総支配人を通じて、権限は輸送機関を担当するそれぞれの管区の管理者に委任され、管理者たちが管区支配人と呼ばれるようになった。このラインの管理者には、設備と道床の非常時の保守と、列車と輸送量の動き（貨物と乗客）を指示する権限が与えられた。その他の職能部門（路線の維持、設備の保守、そして財務）の幹部はスタッフ役員として位置づけられた（一一一ページ図3参照）。彼らは自分の職能部門のなかに基準を設け、管理者を雇ったり解雇したり評価したり昇進させたりしたが、乗客や貨物の動きに関する命令を出すことはできなかった。ラインの管理者は、いつどこで保線班が仕事をすませるか、またいつ修理作業所が仕事をやりとげなければならないかを命令した。当時のことばでいうと、ライン管理者が人を動かし、職能、あるいはスタッフ管理者が物を動かしたのである。

ラインとスタッフの関係をはっきりさせることで、初期の鉄道の経営者たちは権限や責任、それにコミュニケーションの体系を注意深く明確化させる組織設計と機構を考えだした。この関係は組織図表にあらわされたが、アメリカのビジネス界にあらわれたこの種の考案は非常に早かった。最高幹部はすぐに伝達経路を上へ流れる緻密な日報、週報、月報を、また下に流れる種々の規格化された命令や回覧を開発した。ほとんど同時に彼らは、数百マイルの線路上を動く数百台の機関車と数千台の車両の毎日の運行を調整、統制するのに不可欠な業務情報を管理目的のために詳しく流しはじめた。また彼らは一八五〇年代には早くも各地域の営業管区の管理者の業績を評価するため、原価その他の統計情報を用いはじめた。

鉄道会計の形成

一八六〇年代には大鉄道会社の経営者の関心は、組織設計から原価計算に移っていた。高い固定資本投資がこの難問をつくりだしたのだった。当初資本が巨額なため、建設工事を営業勘定から注意深く切り離し、現実的な減価償却の見通しをつけ、列車走行と貨物乗客輸送に関するコストを複雑に評価しなければならなかった。一八四〇年以来、鉄道人は建設と資本計算に経常経営費を組み入れることの危険性を強調していた。一八五九年までにペンシルバニア社の幹部は線路、まくら木、それに「走る機械」の年間償却費を算定していた。結果として生じる経費に対処するため、ペンシルバニア社では「偶発損失および更新基金」を設置した。減価償却で差しひかれた分は安全投資として位置づけられた。しかし、減価償却計算のもっとふつうの方法は、更新費を経常費に勘定して摩損により失われた「価値」を補うという考え方であった。このような「更新」計算は一八七〇年代には鉄道会計の基準になっていた。

資本計算の改良の仕事よりもはるかにややこしかったのが営業費の計算だった。これは繊維工場や製鉄工場よりもずっと多い種類の計算をしなければならなかっただけでなく、この費用の多くが、工場や設備の使用にかかわらずいつも不変だったのである。アルバート・フィンクは土木技術者、橋の建設者であり後にルイスビル&ナッシュビル鉄道会社の社長になったが、彼は六〇年代後半、一〇マイルあたりの費用を出す七〇種以上の計算を含む公式をあみだした。そのなかの二九項目を彼は不変費用とみなし、九項目は変動費用とし、二三項目は不変費用というよりはむしろ変動費用とみなした。フィンクやその他の鉄道人は、以前マッカラムがしたのと同じ位、自分たちの費用分析法を利用して、いくつかの管区と部門の業績を評価したり、また料金設定の基礎にした。

基準原価が算定された後でさえも、料金制定はいろいろな要因に左右された。水路航路や他の鉄道会社との競争がかなりのインパクトを与えた。料金は貨物の種類によって異なっていた。小型軽量の高価な生産物は高率料金で運ぶことができたが、石炭、家畜それに小麦などの重い貨物は低率料金でしか運べなかった。荷物の大きさと同様、空の車両の往復便も運賃体系に影響した。大口の荷は小口のものよりも単位あたりの経費は低かった。その上、ほとんどすべての「通し荷運賃」はその経路沿いの複数の鉄道会社が協同して定めなければならなかったし、それぞれが受けとる総運賃の配分も同様だった。一八六〇年代には数百ものいろいろなタイプの商品の料金を決めなければならず、ふつうは大きく数個の段階に分けられた運賃のひとつに定められたが、鉄道会社は競争相手の鉄道会社や連結する鉄道の代理店だけでなく、数多くの荷主にも対処しなければならなかった。運賃制定は高度な技術を要する仕事となったのである。貨物や乗客の管理はすぐに「輸送部」という職能組織に分離しておこなわれるようになった（一一一ページ図3参照）。

直通輸送網の拡大

一八六〇年代後半と一八七〇年代にかけて、この輸送部の仕事が激増した。路線距離が延びるにつれ貨物量が増え、また鉄道会社が他の専門企業が行なっていた事業もひきつぎはじめたのである。一八四〇年代にできた通運会社や特急便の会社は、新しい鉄道経路と古い蒸気船、帆船、運河便にまたがって安全で迅速な運送を請け負っていた。一八六〇年代にはこれらの通運会社は自分たちのマークの入った鉄道車両、自分たちの配達荷馬車と支店網を持っていた。しかし、南北戦争の間にほとんどの主要鉄道会社がこれらの輸送会社を接収しはじめ、すぐにこの活動を、拡大した輸送部に組み入れてしまった。以前の専門の運送会社ではなく鉄道会社自身が、商業中心地間のほとんどの生産物の配達を引き受けたのである。

このことは、多くの鉄道会社間の組織的な貨物の車両交換によって可能になった。一八七〇年代後半までは主要鉄道各社には、他社の線で用いられる自社の車両と自社の線を使う他社の車両の監視を唯一の仕事とする単独の部署があった。そのような組織的協定は一八八〇年代までには完成したが、これにより国中で自由で迅速な車両と貨物の交換ができるようになったのである。

一八八〇年代までにこの新しい全国的輸送システムは実質的に完成した。橋や乗換駅間の線路の建設で、南北戦争直後に各主要鉄道は物理的につながった。一八七〇年代と一八八〇年代には、業界や専門家協会に加わっていた鉄道経営者が、設備と手続きを規格化しはじめた。この規格化運動には一八八三年の標準時の採用、一八八六年の標準軌道への最終変換も含まれていた。しかし、多分この新しい全国的輸送システムの効率的運営にとって何よりも重要だったのは、商業中心地の間を、幾つもの鉄道組織にまたがって全国どこへでも積み換えなしで車両を移動させることができるという企業間協定であった。

鉄道業の生産性増加

アルバート・フィッシュロウは、アメリカの鉄道サービス業の生産性は一九世紀後半にこの国の経済の他のいかなる産業部門よりも急速に成長したことを指摘している。彼はこの成長の一部が、技術改善（とくに、より重い機関車、より大きい車両、重い鉄鋼のレール）、産業レベルの提携によってすすめられた規格化、それに企業の成長と全体のシステムの成長の結果起こった正常な規模の経済と専業化によるものと見ている。しかし彼は、これらの事情は一八七〇年から一九一〇年までの生産性増加の半分を説明するものでしかないと強調する。労働者が経験を積んできたことがこの余剰をつくりあげた要因ではないかと示唆している。もうひとつの要因は、フィッシュロウは言及していないが、列車と貨物の流れと組織設計と手続きの発展を調整し、鉄道企業内および企業間の継続的で安定した設備利用を確立した経営者の訓練と経験が豊富になってきたことだった。この生産性向上の結果のひとつとして、輸送コストが非常に低減した。フィッシュロウの指摘によると、一九一〇年までに、「実質貨物料金は一八四九年のレベルから八〇パーセント以上も下がり、実質旅客料金は五〇パーセントになった」。

鉄道会社間のカルテル形成

企業間協力は商業中心地間の輸送を大いに高速化、低コスト化させたが、それでも鉄道会社が常に自分の巨額な資本設備の維持と運用の費用をまかなえるだけの輸送量を確実に得ることはできなかった。国内の主要路線が完成した後も使用資本を保つ必要にせまられ、競争鉄道会社から仕事を奪うために運賃をやむをえず値下げすることが起こった。とくに取引量が落ちこむ不況期には切実だった。鉄道会社の財務の支払い能力は全輸送量が継続的に流れているかどうかにかかっていた。輸送量の競争から身を守るために一八七〇年代の不況時には、鉄道会社は非公式に、また後には公式に競争会社の間で――つまり南部鉄道および蒸気船協会と東部幹線協会という最大手の有力会社の間で――輸送量と収入の割りあてのカルテルを結んだ。しかし、運輸量と運賃プールを行なうためのこれらの協定あるいは他の地域的な協定も、運賃値下げと料金競争を止めることはできなかった。

一八八〇年代初期のカルテルの失敗により、主要鉄道会社は、各地域の主要商業都市に自ら確実に乗り入れるための組織拡大戦略を取らざるをえなくなった。ある鉄道会社社長の言葉を借りると、「各鉄道会社がそれぞれ支線を持って」「自立する」体制を目指したのである。新しい事業体を買収したり、借りたり、あるいは建設したりする拡大への決定は、鉄道の事業部門の数を激増させた。また巨額の資本も必要となった。このため、投資者たち、とくに投資銀行が鉄道会社の取締役会に入って会社の拡大戦略全体に口をはさむようになった。多くの鉄道会社は、このような拡張で財政上、破綻をきたした。このため一八九〇年代にはJ・P・モルガン商会などの大手銀行が鉄道会社の財務、管理の再建に乗りだし、このことによってアメリカの鉄道会社のトップマネジメントへの金融業者の影響はさらに強くなっていった。

一八九〇年代の再編成が終わったとき、約二五の主要鉄道会社が国内の三分の二の鉄道を運営して、貨物と旅客の大半のシェアを占めていた。これらの鉄道のほとんどは大陸内部と沿岸部を結ぶ路線で、沿岸部に出口を持たない少数の内陸路線は、他の海岸に接している鉄道に大きく頼っていた。一九〇〇年以後の主要鉄道体制は二〇世紀中頃までほぼそのままであったが、その頃には鉄道は技術的には古くさくなり始めていた。

管理者の役割

巨大になった輸送帝国を管理するため、新しい体制はより大きな管理単位を形づくった。このため、中間管理層（ミドルマネジメント）と上級管理層（トップマネジメント）というふたつのレベルができた。たくさんの支配人が管理していた領域が、総括経営層と彼のスタッフに率いられたひとつの組織のなかに組み入れられた（一一一ページ図3参照）。最大級の組織になるとそのような地域的組織がふたつから五つもあり、副社長が業務をまかされて自分のスタッフとともに順番に監督していた。ペンシルバニア社、バーリントン社、それにサンタフェ社の場合、総括経営層は、二〇世紀にジェネラル・モーターズ社やデュポン社のような大工業会社の事業部長にあったのと同程度の自律性と利益責任を持たされていた。他方、本社幹部は業務事業部の業績を評価し、将来の運営のための資源分配に専念していたのである。

通信事業の発展

電信・電話という新しい伝達形式を取扱う大規模な民間企業が経験したことも、鉄道との類似点が多かった。たくさんの電信会社が起こり、その通信はほとんどすべて長距離であり、地域的なものではなかったので、通信を扱う企業間の調整がどうしても必要だった。このため、合併整理がすぐやってきた。一八五〇年代後半、電信が実用化されてから一〇年後には、六つの地域体制が形成され、それらの企業がほとんどすべての敷設電信網を運営していた。一八六六年までに、これらの電信会社は大会社ウェスタン・ユニオン社に統合されていた。ウェスタン・ユニオン社はその始めからすでに二五〇〇以上の支店網を管理しており、さらにその数は毎年五〇〇から一〇〇〇ずつ増えていた。この新しい合併企業は、たくさんの地域別事務所を通してこの支店網を管理し、その事務所長はいくつかの事業単位の監督、維持と修理業務、それに合衆国のすみずみの町と都市の間の通信の流れを円滑かつ安定したものにするための方法の開発をまかされていた。

電話は当初、長距離よりはむしろ市内通話に主に用いられていたということで電信とはちがっていた。一八八〇年代にアレクサンダー・グラハム・ベルの特許と設備を使用した地方の会社が初めて電信会社を操業した。九〇年代には地方の会社の間が結ばれるようになり、そして、特許も満期終了になったので、ベルの関心は、この国の「長距離回線」あるいは直通電信を取扱うアメリカ・テレホン・アンド・テレグラフ社によって、これらの多くの事業単位の支配を確立することだった。ATT会社の運営はウェスタン・ユニオン社と同様の地域別管理機構を通してなされるようになった。

このように、新形式の交通、通信機関はその初めから複数事業単位企業だった。そのためこれらの企業はある意味で近代大企業の先駆者であった。交通と通信をそれまでになく高速化、規格化し、大量化することができて、それらは次々にアメリカの財やサービスの生産者のための市場をひろげていった。鉄道と電信によって可能になった低コスト化と大量化は、まず近代的な大量市場と大量生産の新技術を起こし、次に大量生産を大量流通と統合し大企業の生成を促進させたのである。

第二節　大量消費市場の生成

一八五〇年代と一八八〇年代の間に、主にこの新しい交通・通信機関をベースにしてアメリカのマーケティングに変革が起こった。一世代の間に、近代的な大量消費市場企業が、長い間商品流通を扱ってきた商人にとって代ってしまったのである。一八四〇年代までにすでにこれらの商人はひとつの系列の商品や生産物を扱うように専門化してきていたと同時に、ミシシッピ渓谷以西の農場にも注目していた。この国が地理的に拡大していくにつれ、農産物と加工品の流通を受け持つ仲買人のつながりもひろまった。綿花と小麦は農場から加工業者へ、日用雑貨と金物は工場から農場主へと、交通主要地に住む、少なくとも三人から四人の商人の手を経て移動していた。

新しい卸売商の生成

鉄道と電信という全天候型の交通・通信が急速に整備されるにつれ、仲買人のつながりは消え始めた。仲買問屋は一夜にして、単独で農場あるいは工場から品物を直接に買い取っては加工業者や地方小売店、場合によっては最終的な消費者へ販売する販売会社にとって代られたのである。

農作物取引では、穀物、小麦それに綿花を末端駅で購入し、商品を貯蔵、出荷し、それを直接加工業者に売り渡す商品卸売業者が仲買問屋をすばやく負かしてしまった。こうした取引に資金を融資するため、卸売業者は一八五〇年代から一八六〇年代の間、電信を基礎とした穀物、綿花などの売買にひろく頼っていた。

工業製品あるいは加工製品の流通には、専門の卸売業者（それ以前の業者と同様、服地、金物、薬、食料雑貨品などというように同じ製品ラインを専門にしていた）は、工場から直接買い上げをして、地方小売業者に直接売ることをはじめた。これらの新しい卸売業者は商標化、宣伝、それに広範囲な販売力を用いるなど近代市場取引（マーケティング）技術を開発した先駆者だった。鉄道のできる以前は、南部や西部の地方商店主は年に二回、自分の商品の買付けをするために東部の都市にやってきていた。一八五〇年以降は、新しい卸売業者がこれらの小売業者の所へ直接セールスマンを送り出して商品を配達するようになった。

近代的大型小売商の登場

近代的な大型小売商——百貨店、通信販売会社、それにチェーン店——などは、やがてこれらの卸売業者にとって代るようになるが、近代的な小売業はやはりこの同じ時期にはじまっていた。まず最初にできたのは百貨店で、これは発展してきた都市市場の要求に応えたものである。次は通信販売業——モンゴメリー・ウォード社とシァーズ・ローバック社——で、これらは地方市場に集中した。A&P社とウールワース社は一八八〇年代までに大企業になっていたが、小売チェーン店会社で一九〇〇年以前に設立されたものは他にほとんどなかった。

この新しい大量市場取引業者はすべて広範囲な購買と販売の組織を持っていた。最終製品の大量流通業者は合衆国北東部とヨーロッパの主要な商工業の中心地に買付け事務所を置いていた。これらの企業には主な系列別にそれぞれ買付けスタッフが存在し、彼らが購買の価格、量、それに買付け明細を定め、その種類の市場取引を担当している事務所や部局に対し商品を出荷する手配をした。これらのマーケティングあるいは営業の事務所は宣伝活動、実際の販売活動、それに顧客への商品配達を処理していた。すべての経営者にとって、実績の基準は量、換言すれば「在庫の回転」であった。回転率が上がることはマージンあるいは価格を上げずに収益を伸ばすことを意味した。このように、これらの新しい会社は加工業者から直接、小売業者あるいは最終の消費者への大量の商品流通を、新しい交通システムを通して調整するために、慎重にあみだされた購買と販売の事業単位の総合的なネットワークをつくりだしていた。

流通過程の基本的な変化は純粋に組織上のものだった。この新しい大量市場取引業者は、新しい工業技術や独自の大量投資などはほとんど必要としていなかった。彼らは流通過程を組織化して、交通・通信の新しい手段をより効率的に利用できるようにした。フィッシュロウが鉄道に見出したような生産性の増加を示す資料はないが、ひとつの企業が取扱うことのできる取引量は激増し、空前の在庫回転が低価での高収益を可能にさせたことは明らかである。一八四〇年以前は、年間売上げが五〇万ドルを上まわったのは最大級の商社だけだった。一八六五年、マーシャル・フィールドが雑貨類と衣料品の卸売業をシカゴで始めて間もない頃、その売上げは九五〇万ドルに達している。五年後にはいくつかの新しい商品もつけ加え、また小売業にまで手をひろげたので、売上げは一七二〇万ドルにはねあがった。一八八九年までは、人員や資本設備の拡大をほとんどせずに三一〇〇万ドル以上だった。A・T・スチュワート、ジョン・ワナメーカーその他ニューヨークとフィラデルフィアの大量消費市場商人の売上量はもっと多かった。フィールド、スチュワート、ワナメーカー、メーシー社のストラウス一家、シァーズ社のローゼンワルドを含む新しい小売業の大立て者たちは、すぐにこの国の大富豪に数えあげられるようになった。同時に、彼らの商品の価格があまりに安かったので、小商店主らは州政府に、後には連邦政府に対し、彼らとの競争から自分らを守るような立法を求め始めたのである。

流通コストの低減

新しい大量消費市場商人による取引のスピードとその量は激増し、それは実際の流通商品の単位あたりのコストを下げただけでなく、流通のための金融費用も低下させた。一八五〇年以前には綿花、穀類その他の商品はたいてい年利五〜七パーセントで九〇日から一二〇日の期間の手形で取扱われていた。商品を買付ける小売商店は通常六カ月から一年のクレジットが必要だった。ところが新しい大量流通商人によって展開された高い在庫回転は、長くても三〇日間ベースかあるいは現金で、新しい在庫に投下できるだけの多額の現金の流れを生みだした。商品取引商は取引における保険のシステムを用いて、非常に安い費用で穀物輸送費用を調達できたのである。大量流通の組織上の革命によってもたらされた金融費用の低減と大量高速化がどの位の節約になったのかはまだ算定されてはいない。ただ、これらの新しいタイプの企業の組織設計と管理の質が流通費用を下げ、合衆国の商品流通過程の生産性を高めたということは推測できそうである。

第三節　大量生産の到来

大量流通が組織革新だけを必要としていたのに対し、大量生産は技術革新と資本設備における広範な投資を必要とした。ここで指摘しておかなければならないのは、大量生産とは単に工場生産ということではないということである。大量生産の技術とは、ひとつの工場あるいは製作現場が連続して、大量に生産させることができる技術である。そうした方法によって工場内の速い加工処理が可能となった。高い生産加工度は大量生産の基本であり、それはちょうど在庫回転率が大量流通にとっての基本であったのと同様である。ひとつの工場設備の加工処理が大きくなればなるほど、単位あたりの費用は安くなり、また利益の増加可能性も増したのである。

高い加工処理が得られた後も、いろいろな方法でそれはいっそう強められた。機械や設備が改善され、より速いスピードで動かされた。利用されるエネルギー量も増加した。組織設計や経営管理も改善されて、工場内の生産の一過程から次の過程へ、原材料の安定的でかつ規則的なたゆみのない流れが確保され、設備とそれを扱う労働者もより効率的に使うことができるようになった。その上、労働者も経営者もそれぞれの仕事により習熟するようになった。このことを除いても生産量（そして単位あたり投入価に対する産出量）を増加させたこれらすべての方法は、労働力の規模に対する資本、原材料、エネルギー、そして経営者の割合を増加させた。大量生産の過程はこのように資本集約的、原料集約的、経営者集約的になっていったのである。

加工産出量増加の可能性はその生産工程の技術につれて変化した。単に比較的簡単な機械が人力にとって代ることで機械化が起こった工業においては、生産のスピードと数量が向上する可能性は低かった。織布、木材、衣服、靴、馬具、家具、床材、それに書籍、新聞、雑誌の発行などはこの例である。一度、基本的な機械が完成すると、より熟練した労働者と管理者がその工場の生産性を増すことができたが、産出量増加の主な方法といえば、より多くの機械と労働力をつぎこむことだった。そのような生産工程をとる工業は、二〇世紀に入ってもまだ労働力集約型（つまり、資本あたりの労働人口が高い）であった。その工場生産はメリメック渓谷で行なわれていた初期の繊維工場のものとほとんど変わらずに続いていたのである。組織上の変化といえば、このような製造業のすべての活動が一人の人物あるいはオフィスの統制下に集中してきたということだった（一〇九ページ図1参照）。

これに対し、蒸留業と精製業においては、近代的な高速、大量の連続生産、または大規模なバッチ生産の大量生産技術の到来は速かった。一八六九年——最初の営利油田が採掘されてから一〇年後——までには人力を全く必要としない石油精製所がすでに設計されていた。労働者の仕事は主に最終製品のパッキングだった。加熱蒸留と高温での分解蒸留の開発によるエネルギー利用の集約化が、産出量とそのスピードを高めた。例えば、一八七〇年までに分解蒸留は灯油の産出高を二〇パーセントも伸ばしたのである。同じような技術革新は砂糖、綿実油、亜麻仁油の精製、ビールの醸造、ウイスキーの蒸留、工業用アルコール、硫酸、その他の化学薬品の抽出にも生じた。これらの工業の生産単位は急激に資本集約型、エネルギー集約型、原料集約型、そして経営者集約型になった。そうした工業では、工場規模の大型化により、労働集約型の機械工業よりもずっと大きな規模の経済性が可能だった。例えば、スタンダード・オイル・トラスト社は一八八三年にその石油精製能力を改良してアメリカ中の石油精製量のほぼ五分の二を三カ所の大規模精製所に集中させ、単位あたりのコストを一バレル当り一・五セントから〇・五セントに低減させた。もちろん繊維や靴の全国生産量の五分の二を同様に三つの工場に集中するなどということはまずありえなかったであろう。

その他の工場ではとくに農産物の加工業で連続工程機械の開発と連続工程工場の設計によって加工産出率は同様に高かった。そのような技術革新は一八七〇年代後半から一八八〇年代前半にかけてタバコの製造、小麦・大麦などの製粉、スープとミルクの缶詰、石けんや写真フィルムの製造などにあらわれた。これらの工業はすぐに、資本も原料も経営者も集約的になった。ところがいったん機械と工場ができあがってしまうと、それ以上に生産性の伸びる可能性には限界があった。精製業、蒸留業についても同じことがいえたのである。

その後、溶鉱・鋳造業、とくに金属製造業と金属加工業は設備の改善、エネルギーのより集約的な利用、組織設計と管理技能の改善によって産出量の速度が一番良く伸び続けていた。金属製造業ではひとつの工場内のいくつかの作業を統合することが生産性増加の最大の誘因となった。他方、金属加工工場では作業工程をもっと専門化した単位に細分化することが同様の誘因だった。そして、このふたつの工業で近代アメリカ工場あるいは工場管理が完成されたのである。

金属製造業の生産性増加

金属製造業で一番生産性増加が急激だったのは、溶鉱炉と圧延工場と仕上げ工場を統合してレール、針金、鉄板、構造物などをつくりだした工場だった。この工場はベッセマー製鋼法、平炉法を採用し、大量の機械とエネルギーの集約的利用のおかげで生産量を著しく増加させた。その上、合衆国の新しいベッセマー式製鋼所のほとんどを建設した技術者であるアレクサンダー・J・ホリーが力説するように、アメリカの生産量がイギリスの工場よりも多かった理由は、転炉その他の設備が改善されたことだけではなく、七〇もの建物と三〇マイルもの工場内線路などを含む綿密なプラント配置設計があったからだった。ホリーはまた、「工場の生産能力がよりよい設置方法と設備によって増大させることができるように、工場の生産能力いっぱいまでに仕事を遂行するためには、よりよい組織と経営者側の敏速さ、勤勉、技術知識が必要とされた[1]」とのべた。

ピーター・ティーミンはこの世紀の最後の一〇年間について次のように指摘して

いる。

「鉄鋼の生産速度は絶え間なく伸びつづけており、そのスピードをさらに速めるために新しい技術革新が絶えず導入されていた。人間の筋肉が行なっていた持ち上げたり運搬する仕事は蒸気機関、後には電力がそれにとって代り、工場は迅速で人力を最小限におさえて鉄鋼を処理できるように改められ、作業場から人間が姿を消した。一九世紀の終わりまでに、一日三〇〇〇トンの圧延をする工場内に人間は一ダースもいなかったが、この生産量はピッツバーグの圧延工場の一八五〇年一年分に等しかった。[2]」

鉄鋼業および他の金属製造業の工場が資本集約型、エネルギー集約型になるにつれ、労働者に対する管理者の割合が高くなってきたが、それは工場内を流れる物資の量とスピードが増加して監督と統制の必要性が強まったからであった。

新しい鉄鋼企業の組織設計と作業工程は大きく鉄道に由来している。鉄道と鉄鋼業の結びつきは常に密接だった。最初のベッセマー製鋼法によるレール工場は鉄道会社出資によるものだった。鉄鋼業最初の事業家であったアンドリュー・カーネギーはペンシルバニア鉄道のピッツバーグ管区の管区所長として事業の訓練を受けた。この鉄道の幹部役員であったJ・エディガー・トムソンとトマス・スコットはカーネギーと共同出資して、J・エディガー・トムソン工場を一八七三年に、ピッツバーグ近郊に設立した。この工場は初期のベッセマー式工場のなかで、最大規模のものであり、しかも最も効率的な工場であった。

カーネギーは、熟練したプロの経営者であるW・P・シンをペンシルバニア鉄道会社からひきぬき、新工場の総支配人に任命した。シンは機関車工場で用いられたバウチャー・システム（支払票制度）を含む鉄道会計と原価計算技術を導入、改良した。毎日の原価計算表その他の資料は、費用と価格の算定、また各部門ごとの実績評価に用いられた。その費用が綿密に見積られるまでは何の命令も下されなかった。毎週、毎月の報告書は、大部分、各部門の部長からなる経営者会議にかけられ、またカーネギー自身に届いた。この会社のある幹部役員によると、「報告書のなかで毎日、毎週の原材料コストの一番細かい細目までがしめされており、その場の誰もがそのことを実感した。人々は、会計帳簿を通して会社の目が常に自分たちの上に注がれていると感じた」[3]。さらにティーミンが指摘するように、カーネギーは生産の増加やコストを下げるために導入された技術革新を評価するのに自分の計算を用いた。そしてカーネギーの開拓した分野に、鉄鋼だけでなく銅、亜鉛、ガラス、紙などの製造業もすばやく後に続いたのである。

金属加工業と労働分化

しかし、機械、組織設計、経営実績の改善が一番生産性に影響したのは金属加工業だった。金属は布地、木、皮革などよりも成型がむずかしく、また（硬度があるため）他の原材料よりもずっと許容公差は小さく、ずっと細かい専門化ができたので、新式の改良された機械は、金属製品の産出量とスピードを、木、布、皮革の成型に機械を用いるよりもずっと大きく上げることができた。一八五〇年代から一八八〇年代までの間に、打ち出し機、粉砕機、砕鉱機、旋盤、その他金属の切断と加工設備に主要な技術革新が起こった。実に、アメリカの機械器具工業の歴史の一番革新的だった時期の大部分が金属加工用装置の供給の物語である。そうした技術革新は機械の設計だけでなく、刃物の刃を改良して作業のスピードを上げた合金の開発も含んでいた。

金属加工業では産出量と生産性増加のための組織設計と管理技能はとくに精密なものだったが、これは他の工業に比べて、その生産工程における労働力の細分化が著しくすすんでいたからである。ひとつの工場内で下部の部門が増えて細分化されると、安定した生産維持という管理業務はよりむずかしくなった。これらの管理業務が一番困難だったのは、互換性部品の組立製造を通して機械その他の製品を大量生産していた企業だった。銃砲、錠、時計、腕時計、ミシン、タイプライター、レジスター、刈り入れ機、打穀機などの複雑な農業機械、電気機械、ポンプ、その他の重機械などを製造する会社もこれに含まれた。これらの企業は、また、他のどんな製造業よりも多種多様な原料および半加工原料を用いていた。

科学的管理法と職長

一八五〇年代から一八六〇年代の間、これら金属加工企業に従事していた人々は機械設備とプラント設計の改良に専念していた。一八七〇年代の不況のあとになって、はじめて費用低減が要請され、彼らは組織設計の改良にも注意を向け始めた。

作業場や工場の管理の新しい組織的あるいは「科学的」方法を開拓した人々のほとんどは金属加工業に関係した機械技師だった。事実、合衆国の「科学的管理」運動の歴史は、一八八〇年に設立されたアメリカ機械技師協会の議事録によって一番良くたどることができる。一八八〇年代半ばまでには組織設計がこの協会の一番の関心事となっている。一八八六年の年次大会で、ヘンリー・R・タウン（当協会の会長であり、またイェール&タウン・ロック会社の幹部でもあった）は、「エコノミストとしてのエンジニア」という題の会長演説のなかで、会員に工場管理と工場会計に専念するよう次のように力説した。

「工場管理の項目には、組織、責任、報告、契約制度と出来高制度、そして製作物、製造場、工場の経営管理に関わるすべての問題が入る。工場会計の項目には、時間と賃金制度、出来高給か日給か、費用の決定、記帳方法、各種の費用勘定の分配、利益の確保、そして企業の製造部門とその成果の決定と記録に関わる勘定システムなどすべての問題が入る。」(4)

工場管理と工場会計の両方を改善するためにこの協会が初期の会合で討議した方法のひとつは、チケットとカードを用いる「工場指図制度」である。この方法ははじめミシン会社で大いに発達したが、それも機関車工場からの借用と見られている。工場の支配人はひとつひとつの指図書に番号をふり、特別のカードとチケットを一組付けた。各作業場あるいは各部課の職長はそのあと指図書が自分の管理区を通るときにその指図にもとづいて使用した原料と労働力の数量を各項目に書き入れた。チケットの写しはその作業場に保管され、原簿は工場内の他の部門を指図書が通るあいだ中、添付されていた。カードの写しは、その命令によってすべての部門にかかった総費用を出すことができた。チケットの写しを集めれば、ひとつの作業所あるいは部がある期間に使用した原料と労働力を検討することができた。これらの情報は、生産と工程における主要費用(労働力と原料)の正確な原資料となった。また、これによって工場内の物資の流れや原料と半加工原料の在庫を調整することも可能になった。さらに、経営者はこの資料を用いて下部単位と工場全体の業績を評価することもできたのである。

この新しい統制方法を労働者と職長が受け入れるように、タウンは一八八〇年代後半にオーナーだけでなく従業員も生産性増加による利益を受けとれるという方法でこれを提案した。この案では、より効率的な労働時間計画やより効果的な原料と機械の使用法、より優れた設備の導入などによる費用の低減は、会社と労働者に平等に分けられ、結果としての節減分の三〇から四〇パーセントを工員が、一〇から二〇パーセントを職長がもらいうけた。もうひとりの技術者フレデリック・ハルシーに修正されて、この制度はたくさんのアメリカの金属加工工場で採用された。

このあと、多種類の鋳物や部品を機械生産するミッドベール・スチール社のフレデリック・W・テイラーが登場する。彼はそれ以前にミッドベール社で工場指示統制の方法とその他生産を増加させるための系統的な制度を実施していた。一八九五年、彼は機械技師協会で有名な論文を発表し、そのなかでタウンとハルシーの利益配当制を改善できると明言した。彼は、まずはじめに基礎費用と分配される節減分を過去の経験にもとづいて配分する制度はまちがっていると指摘した。その方法に代えて、かかわる職務の詳細な職務分析、時間・動作研究を通して「科学的に」決定された標準時間と産出量にもとづいてなされるべきであるとした。第二に、彼はアメとともに鞭も与えようと考えた。通常以上の生産高や費用低減をした労働者にタウンが報酬を出したのに対し、テイラーは基準に満たない場合は労働者への賃金を差しひいて罰した。

自分の案を実現するために、テイラーは工場の職長をまとめて排除する考えだった。彼は工場全体を管理する企画部門を設けて、「職能別職長」という高度に専門化したたくさんの監督者を通してこれを行なうことを提案した。企画部門は職務分析と時間・動作研究を行ない、また標準生産高を決めることになった。工場で受けとった指示を検討したあと、企画部はその分析と情報にもとづいて現行指示の流れを計画し、工場内の各操業単位の日課を決めた。加えて工場指示統制制度をさらに改善し、「完全な費用分析と完全な月別比較原価と費用表を使って製造全品目の原価」を常に照査しなければならなかった。また雇用と解雇にも責任を持たされた。このように詳細で非人格的・総括的な統制により、個々の労働者はきわめて専門的だが、日課となったひとつの課業に集中しえるようになった。

テイラーの目指した極端な内部専門分化はアメリカの工業のなかではほとんど達成されはしなかった。批評家がすぐに指摘したように、これらの計画案では、下部単位や工場全体を通る原料の流れについての権限や責任を正確に示すことができなかったのである。「科学的管理」の実践者たちによって再編成された工場でも、部課はひきつづき職長によって管理されていた。これらの職長はスペシャリストというよりはむしろジェネラリストたちで、彼らは社長、総括経営者あるいは支配人という権限ラインにおり、また、自分たちの職場単位の生産高の統制を請け負っているといううままの姿だった。企画室は工場長のスタッフとなった（一一〇ページ図2参照）。この新しいスタッフの仕事には、人事、会計、監査、動力と工場のエンジニアリング、製品設計、手順、生産能率、そして指示が含まれていた。この指示という仕事はふつう、工場内の原料の流れの計画をふくんでおり、生産能率部門は設計、（時間・動作研究にもとづいた）人間の移動、それに賃金率の決定にかかわっていた。

一九〇〇年以後の金属加工業内の生産性の劇的な増加は、機械工具に用いられた金属の改良と、生産工程を通る原料の移動に使用されるエネルギーの使用の増加にもとづくものであった。テイラー自身も一八九九年に生産速度を強化するために重要な役割を果し、この年、彼と仲間は高速度鋼という合金を開発し、金属をより高速に切断することができるようになった。このような速度と回転数の増加によって、工場業務の根本的な再編成さえ可能になったのである。

フォード工場の生産方式

一〇年後、ヘンリー・フォードと彼の親しい仲間たちは、原材料の移動に動力を使用するという良く知られている革新的な技術開発にたずさわっていた。一九〇八年に最初に製造されたT型フォードの莫大な需要のため、彼らは生産速度推進のための工場設計と専用機械の改良にもっぱら専念するようになった。一九一三年までに、彼らは移動式組立ラインを完成させた。この新しい生産工程は一台当りに必要な労働時間を縮め、一九一三年の初めには一二時間八分だったのが一九一四年春には一時間三三分になった。この頃までにデトロイトのハイランド・パーク工場は一日に一〇〇〇台以上の自動車を生産していた。半世紀にわたる機械と工場設計とエネルギー利用の極点である移動式組立ラインは、すぐに近代大量生産の象徴となったのである。

その結果得られた生産速度、生産量、そして効率性により、ヘンリー・フォードは世界一安い自動車を製造し、世界一高い賃金を支払い、世界一裕福になることができたのである。実に、大量生産の新方式を最初に用いた企業家たちは、急速にこの国における巨大な富を蓄えたのである。フォード、ロックフェラー、カーネギーらだけでなく、デューク、イーストマン、スウィフト、アーマー、マコーミック、ウェスティングハウス、デュポン、その他も同じであった。ただ、これら先駆企業の例のなかには、大量生産以上のものにかかわっていたものも含まれている。所有者がそれだけ裕福になった企業はすべて、各業界で初めて大量生産を大量流通と結びつけた企業のなかから出たのである。

第四節　近代産業企業の発生

大規模統合企業の生成

大規模な近代産業企業の独特の特徴とは、大量生産と大量流通を統合しているということである。このような大規模な統合企業は一八八〇年代に突如として合衆国にあらわれた。それまでほとんどすべてのアメリカの企業は、ひとつの経済機能を担っているにすぎなかった。それらは製造するか、取引をするか、採鉱するか、あるいは輸送するかだった。しかし一九〇〇年までには、比較的少数の大規模な多機能統合企業がアメリカ産業の多くを支配していた。

一八八〇年以後の二〇年間に、製造業者はふたつの異なった径路をたどって巨大化した。ひとつは、当時の大量取引業者が大量生産物の流通販売を効率的には取扱えないことを知っていて、国内とともに通常、国際的なマーケティング組織を建設することによって大型化したグループである。彼らはその後、広大な購買網をつくりだし、後方を統合していった。もうひとつは、当時の流通チャンネルに満足していたグループで、吸収合併により大型化した。この第二の経路を取った者は、共同して非公式の連合（コンビネーション）、それからより正式なカルテルを組織しはじめた。その後、彼らは自分たちの小さな（通常、家族的な）パートナーシップを、トラスト、あるいは持株会社という形でひとつの法律上の企業に統合した。次の段階では、ひとつの製造部門の統制の下にその構成会社の工場が、集中されるに至った。最後にその統合された企業は、大規模な商品流通と購買の組織をつくりだし、原料と半加工材料の供給者を統制しようと動きだした。大型化へのどちらの径路も、原材料の供給者から生産工程を通し、小売業者や最終的な消費者に至る物資の流れを調整する管理網をつくりだす企業の形成を導いたのである。

大量生産と大量流通の結合——三つの型（タイプ）

大量生産を大量流通と結びつけた最初の企業——当時の流通チャンネルが不完全なことを知っていた企業——には三つのタイプがあった。

第一のグループは、いくぶん劣化しやすい低価格のパッケージ商品の生産者たちからなっていた。彼らは一八七〇年代後半から一八八〇年代の初期に、大量の連続工程機械や工場を工夫し、生産に導入したのである。このなかにはタバコ製造業（デュークズ・アメリカン・タバコ社）、マッチ（ダイヤモンド・マッチ社）、朝食穀物（クェーカーズ・オーツ社）、缶詰食品（キャンベル社、ハインツ社、ボーデン社）、石けん（プロクター＆ギャンブル社）、写真用品（イーストマン・コダック社）が含まれている。新しい連続工程機械によって莫大な量的拡大が可能となった。例えば、ボンザックタバコ機が一八八〇年代後半に完成したとき、それが四〇台あれば当時の世界のタバコ需要に見合う生産ができたのである。そこで、このような連続工程生産産業のすべての製造企業は、自分の生産能力に匹敵するように、販売網をしばしば全世界的に拡大したのである。原材料が確実に工場に流れるように、企業は大規模な購買網をつくりだした。ひきつづき流通実務を担当する卸売人を使用してはいたが、企業は工場からこれらの卸売人や大型小売店までの商品の流れの計画化に責任を持つようになった。販売に際しては、企業はセールスマンを用いるよりは宣伝に集中した。

国内と、またしばしば海外に販売支店網を設けることで大型化した第二のグループの製造業者は、互換性部品の組立製造で大量生産され、特別なマーケティング・

サービスを必要とする、全く新しいタイプの機械メーカーだった。このサービスには、実演販売、取りつけ作業、アフターサービスと修理、消費者金融なども含まれていた。ミシン（シンガー社）、複雑な農機（マコーミック・ハーベスター社、ジョン・ディーア社、J・I・ケース社）、新たに発明された事務機（レミントン・タイプライター社、ナショナル・キャッシュ・レジスター社）などのメーカーがこれらの企業だった。一八八〇年代には、重機械を生産する会社（オーティス・エレベーター社、ウエスタン・エレクトリック社、ウエスティング社、エジソン・ジェネラル・エレクトリック社、バブコック&ウィルコックス社、ウォシントン・ポンプ社）が同様に世界的な販売組織を設けた。これらのマーケティングでは、これらの企業は宣伝よりもセールスマンに頼っていた。

一八八〇年代に、第三のグループの製造会社が統合企業を設立しはじめた。しかし、それらの会社は、大量生産よりも大量流通のための新技術に頼っていたために、そうならざるをえなかったのである。生肉加工業者（スウィフト社、アーマー社、モーリス社、クーダヒ社）が自分たちの生産物を冷蔵鉄道車両を使って市場に出しはじめたとき、彼らはもはや現在の卸売人たちに頼ってはいられなくなったのである。

支店事務所の全国ネットワークと冷蔵倉庫と販売設備をまとめる必要があったのである。その後、彼らは大規模な購買組織をつくりだした。一八八〇年代に国内市場に入りこんできたビールメーカー（パブスト社、シュリッツ社、アンホイザー・ブッシュ社）はこの同じパターンに追従した。生産物が劣化しやすいため、これらの生産会社は、原料の買付けから生産工程を通し小売店あるいは最終的な消費者に至る連続的な流れを確実にするために、タバコや石けん製造会社よりも複雑でこみいった技術を考えだしたのである。

拡大した売買組織を設けることによって大型化した三つのタイプのすべての企業にはたくさんの共通点があった。どれも新しい大量生産技術を利用している。どれも生産を少数の大工場に集中させていることである。それらは少数の産業内（合衆国商務省の標準産業分類のなかの食品業、タバコ業、機械工業、電気機器工業でそれぞれ二〇、二一、三五、三六という二桁の産業グループ）にかたまっていた。それらの会社はすべて、より小さい産業（四桁）を支配していた。後者の産業は、ほとんどその最初から寡占的あるいは独占的だった。決して古い意味での自由競争ではなかったのである。

これらの最初の寡占企業の多くはまた、この国初の多国籍企業になった。商品流通組織を海外に拡大した後、相手国の関税や規制があるため、彼らはしばしば外国に製造工場を大々的に建設した。その後、それらの企業は相手国の資源をこれら工場に供給しはじめた。要するに、彼らの海外活動は独立した統合子会社を通して営まれるようになったのである。

結局、これらの企業は高い加工処理と在庫回転率の利点をうまく結びつけるのに成功したため、自己金融をしていた。高い産出量と販売量から生まれたキャッシュ・フローが運転資本と固定資本の双方に充分な資金を準備したため、これらのパイオニア企業が金融市場へおもむくことはまれだった。追加資金が必要なときは、現地の商業銀行から短期貸付を通してそれを得ることができた。結果として、これらの企業の所有権は、創設者、二、三人の協力者、その家族の手ににぎられたままであった。

大型化への第二の経路をとった企業、すなわち当時の流通径路に満足していた製造業者は、一時的な過剰生産能力のために主として合併への道を進んだ。一八七〇年代に、工場の生産品の価格が急激に下落した。広範囲のいろいろな工業におけるこの価格暴落への対応は、同業者連合によるカルテル運営の形であった。一八八〇年代には大量生産技術を使っている少数の製精・蒸留企業がカルテルの範囲を越え、同業者連合のメンバーを合併してひとつの複数事業単位企業になった。これは最初にして、またほとんど唯一の産業トラストだった。そこで、この吸収合併は工場設備を二、三の大工場に集中し、その技術的生産工程から規模の経済性を可能とさせた。そのなかでも一番最初だったスタンダード・オイル社は、精製部門を合併吸収した後、販売事業を買い取ったり設立したり、さらにいくつかの自らの原料事業を取得したり、設立することにより、垂直的統合を開始した。綿実油、亜麻仁油、鉛の業界トラストがすぐにスタンダード・オイル社の例にならった。他の二つのトラスト——製糖とウイスキー——は、大量生産、低コストという競争の利点に満足していた。一八八九年のニュージャージー州の持株会社法案の議会通過の後、一八九三年までの間により広い範囲の産業で吸収合併が多く起こった。

企業の合同運動

その後、一八九〇年代の中頃の不況期の後に、アメリカ史上最も重要な合同運動が起こった。合併がすべてのタイプの産業で起こったのである。その理由のひとつは、不況がカルテル維持のむずかしさを改めて証明したということである。もうひとつは、一八九〇年にシャーマン反トラスト法が議会通過をした後、連邦裁判所の判決がカルテルを非合法、持株会社は合法であると言明したことである。さらにもうひとつの原因には、創業者や出資者たちが合併をすすめることによってかなりの利益が得られると気がついたということがある。しかし、この世紀末におきた合併運動の原因のなかで確実に一番重要なものは、一八八〇年代に生産を整理統合して大量生産を大量販売に結合していた企業の成功例を、工場主らが模倣しようとしたことにある。

いずれにせよ製造業者はすぐに、合併吸収は構成会社が実際に生産をひとつの製造部門にまとめ、また現実に国内の販売と購買のネットワークを設置しない限り成功するのはまれであることに気付いた。初期のカルテルを維持する手段として持株会社をひきつづき利用した合併(たとえばナショナル・コーダージ社、ナショナル・ソルト社、アメリカン・モルティング社)は、総じて経営困難におちいった。整理統合と垂直統合をした企業でも、大量生産の利点と大量販売の利点を結びつけることができて初めて成功したり、産業支配をつづけることができた。このことは、生産が資本集約的、エネルギー集約的、経営者集約的で、大規模バッチ生産または連続工程技術を利用したとき、また場合によってはその生産のために、実演や組み立てサービス、修理、消費者金融などの特別な販売サービスが必要になったときに起こったのである。

このような成功への条件は、砂糖、ビスケット、キャンディー、ウイスキー、その他の蒸留業など劣化しやすい包装商品を生産する工業の合併のために適合したものだった。靴や印刷などのような規格化されてはいるが比較的複雑な機械を生産する工業（すべて国内成長で大型化した同じＳＩＣグループの二〇、三五であった）の合併にも成功条件はととのっていた。また、石油、ゴム、爆発物、いくつかの化学工業（ＳＩＣグループの二八、二九、三二）、それにガラス工業と紙工業（ＳＩＣグループの二六と三二）など、大型バッチ生産または連続生産技術を用いた産業でも起こった。これらの新しく合併され統合された企業は、すぐに自分の産業を支配し、初期の多国籍企業の地位にのしあがりはじめた。

合併と統合による大規模企業は、資本集約的な鉄鋼、製鉄、非鉄金属工業（ＳＩ

Cグループの三一）でも成功した。そこでは、大量生産のために、工場への原料の流れと、消費者への製品の流れを綿密に計画して調整する必要があった。その結果、できた組織は、マーケティング組織がずっと小さく、もっと規格化された大量生産商品の製造企業のものとはかなり異なっており、購買部門、特に原料生産部門がずっと大きかった。これらの工業は寡占的なものになったが、そのなかの支配的な企業は、大量生産と連続工程の金属産業で合併によってできた寡占企業のように、多国籍にはならなかった。

他方、大量生産と大量流通の統合に利点が生じなかった産業では、合併はそれほど成功しなかった。製造工程が労働者集約的である工業、エネルギー追加が必ずしも工程速度を上げなかった工業、販売に特別なマーケティング上のサービスを必要としなかった工業、生産と流通の日程計画がそれほど精密でなかった工業などでは、新しく統合された合併企業は業界で優位に立つことはできなかった。これらの特徴のいくつかが次の産業で起こった。つまり、繊維、皮革、洋服、材木、帽子、靴、馬具、家具、荷馬車製造、その他材木加工、葉巻と多くの食品、特別なとりつけ方やサービス金融を必要としない簡単な金属製品や機械、特別な機器と道具、印刷と出版業などである。これらの産業では、多くの事業単位をつけ加えたり結合させたり統合することによって、原価低減や消費者のより充分な満足という面において、特別他と競争上の利点を得ることができなかった。これらの事業では、単一事業の企業――大量流通企業や製造会社の代理店を通して販売する――がひきつづき大規模の統合企業に対抗してうまく競争し続けていた。これらの産業は二〇世紀に入ってもなお高い競争力を保っていた。一八九〇年にすでにシャーマン反トラスト法は通過してはいたが、この法はこの国最初の大合同運動の結果にほとんど衝撃を与えなかった。法的な規制ではなく、技術とマーケティングが、企業の規模と産業の構造を決定する上での主要な要因だったのである。

第五節　組織の形成

大規模統合企業の管理組織

吸収合併を通して大規模化した企業は、自らの販売と購買のネットワークを独自に創りだしてゆくことで大規模化した企業と結局は同じ組織設計をとるようになった。統合企業の内部構造は、ほとんどすべての場合、機能別部門を持ち、集権化された組織になった（一一二ページ図4参照）。しかし、大型化へのふたつの経路は結果としての管理の質や規模に影響を与えた。というのは、このふたつの経路は、財務上と管理上の異なった問題をもたらしたからである。

例えば、合併企業はその活動資金を集めるのに現行の資金繰りに頼ることはできなかった。活動を集権化するにあたり、合併企業はしばしば主要アメリカ産業の大規模な部門を再編成したからである。古い工場は閉鎖され、または近代化され、新しい工場が販売や供給の変化に有利になるように位置づけられた。そのような再編成には巨額の費用が必要だった。その上、合併そのものもしばしば外部資金を必要とし、とくに統合企業のなかの幾社かが自分の株式を交換する際、有価証券だけでなく現金に執着したときはそうだった。そのため一八九〇年代の合併によって工業企業は初めて資金調達のためにウォール街その他の金融市場に頼るようになったのである。第一次大戦までに、産業証券が鉄道や政府の有価証券投資と同じようにほとんど受け入れられるようになっていた。

このような資金調達のひとつの結果として、投資銀行家たちが新しい工業企業体の取締役会につきはじめた。さらに重要なことは株式所有権——合併の過程ですでに分散されていたが——が、より広範囲に分散されたことである。同時に、新しい部門を運営するために俸給経営者を雇い、新しい中央本社に俸給幹部を雇い入れなければならなかった。これにより、合併によってできた企業は、内部的に拡大してきた企業よりも多くの中間管理層及び最高経営者を抱えていた。このような合併企業では、ほとんどその当初から所有権が管理と分離していたのである。このような企業を「経営者企業」と呼んで、内部的な成長をとげて企業家やその企業を創設した仲間の小さなグループ、あるいはその家族がひきつづき株式を所有している企業と区別することができるであろう。所有者がトップマネジメントの意思決定、とくに長期投資についての意思決定において決定権をもっているような大企業は「企業家企業」と呼ぶことができよう。

経営者企業の形成

新しい経営者企業を率いる俸給幹部にとって最初でそして最も重要な急務とは、統合された資産を管理するための組織設計を創り出すことだった。そのような組織設計の目的とは、異なった構成の事業の生産の速度や量を維持、ないしは可能ならば、増大させることであった。望ましいことは事業の各部分がこれまで別々に達成してきたよりも全体の生産性を高めることであった。ユナイテッド・ステイツ・ラバー社とその他の統合企業の組織者であったチャールズ・R・フリントが一八九九年に「統合経営の利点」について述べるように求められたとき、彼は次のように答えた。

「非常に細々(こまごま)としているのでその答えはむずかしいが、その主なものを挙げると、原料が大量に買いとれるため低価格が保証される。分離した工場内での大規模な製造の分業化は専門的な機械と工程の最大利用を促し、結果としてコストを下げる。品質が向上し、また一定になる。様式の数が減って、最良の規格が採用される。最高の設備で最も有利な位置にある工場は、それよりも劣る工場よりも継続的に優位に操業しつづける。地域的にある工場は、ストライキや解雇があった場合でも、他のどこかで仕事を続行しているので重大な損失はまぬがれる。流通手段が倍加することはない――より優秀なセールスマンが、多数のセールスマンにとって代る。同様なことは支店にもあてはまる。販売契約の諸条件がより統一化され、比較による信用がより確実に得られ、在庫の総計が多大に軽減できて、利息、保険料、保管料が節約できる。より高い管理技術は、部分的にではなく全体に利益を生み、そして会計や管理の比較から大きな利益が得られる。その全体の結果が、市場価格の大幅低減である。(5)」

しかしながら、合併の経済的利益は自動的に出てはこなかった。それを知るには、五〇年前の最初の大規模な鉄道会社が経営に対して行なったのと同様の注意を、内部組織と統計資料にも払わなければならなかった。その上、この挑戦は鉄道や工業企業家的企業の創設者に起きていたものとは異なっていた。新しい合併企業の上級幹部は、それまで競争していた製造事業単位や販売会社など広く分散していた一群を、全体として管理できるものに変換しなければならなかった。デュポン社やインターナショナル・ハーベスター社などいくつかの会社では、そのような変化はすぐに行なわれた。その他では、USスチール社やスタンダード・オイル社でさえ、この変換には数年を要した。遅かれ早かれこれらの組織者たちは自分の新企業を再建しながら、多くの産業構造だけでなく、もっと大きな経済構造をも新しくしていたのである。

図1　単一事業企業

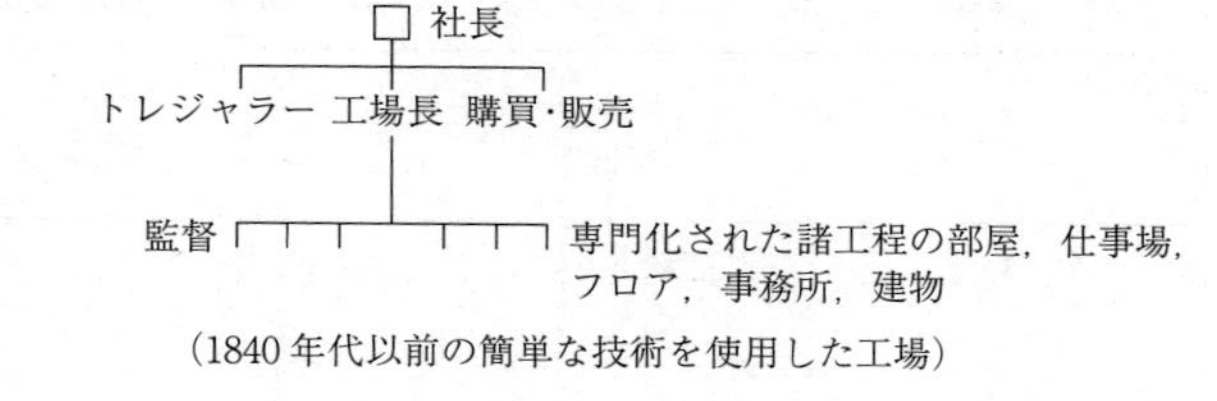
社長
トレジャラー
工場長
購買・販売
監督
専門化された諸工程の部屋，仕事場，
フロア，事務所，建物
（1840年代以前の簡単な技術を使用した工場）

図2　簡単な分化をした単一事業企業

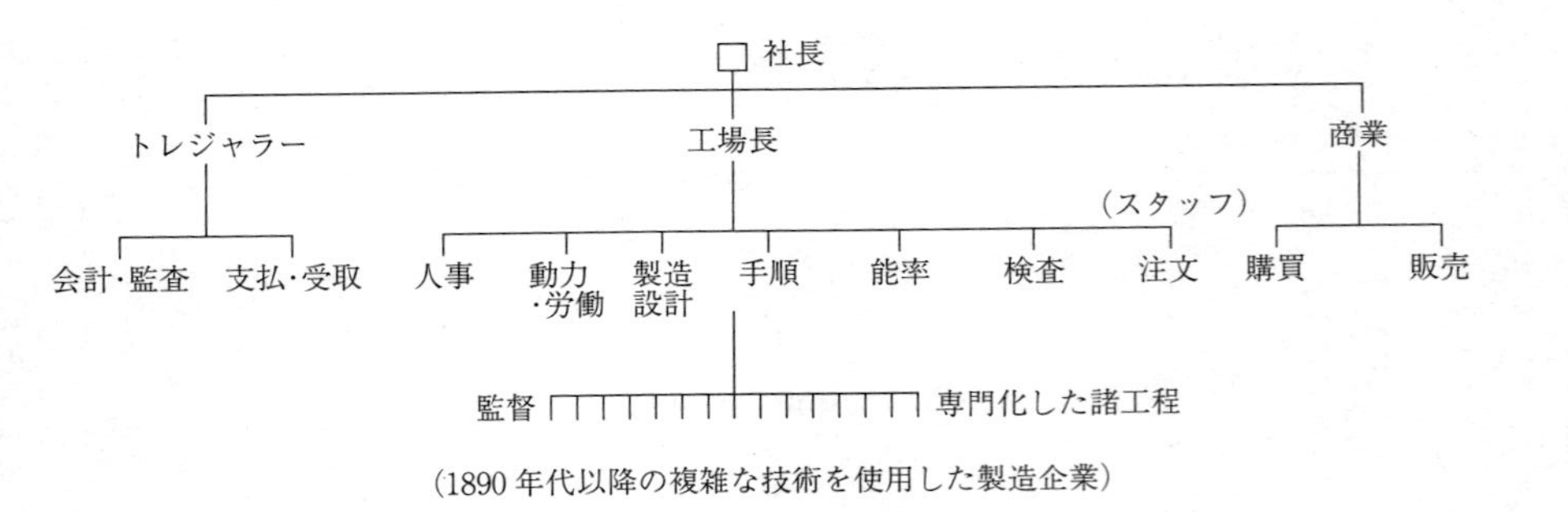

(1890年代以降の複雑な技術を使用した製造企業)

図３　複数事業企業

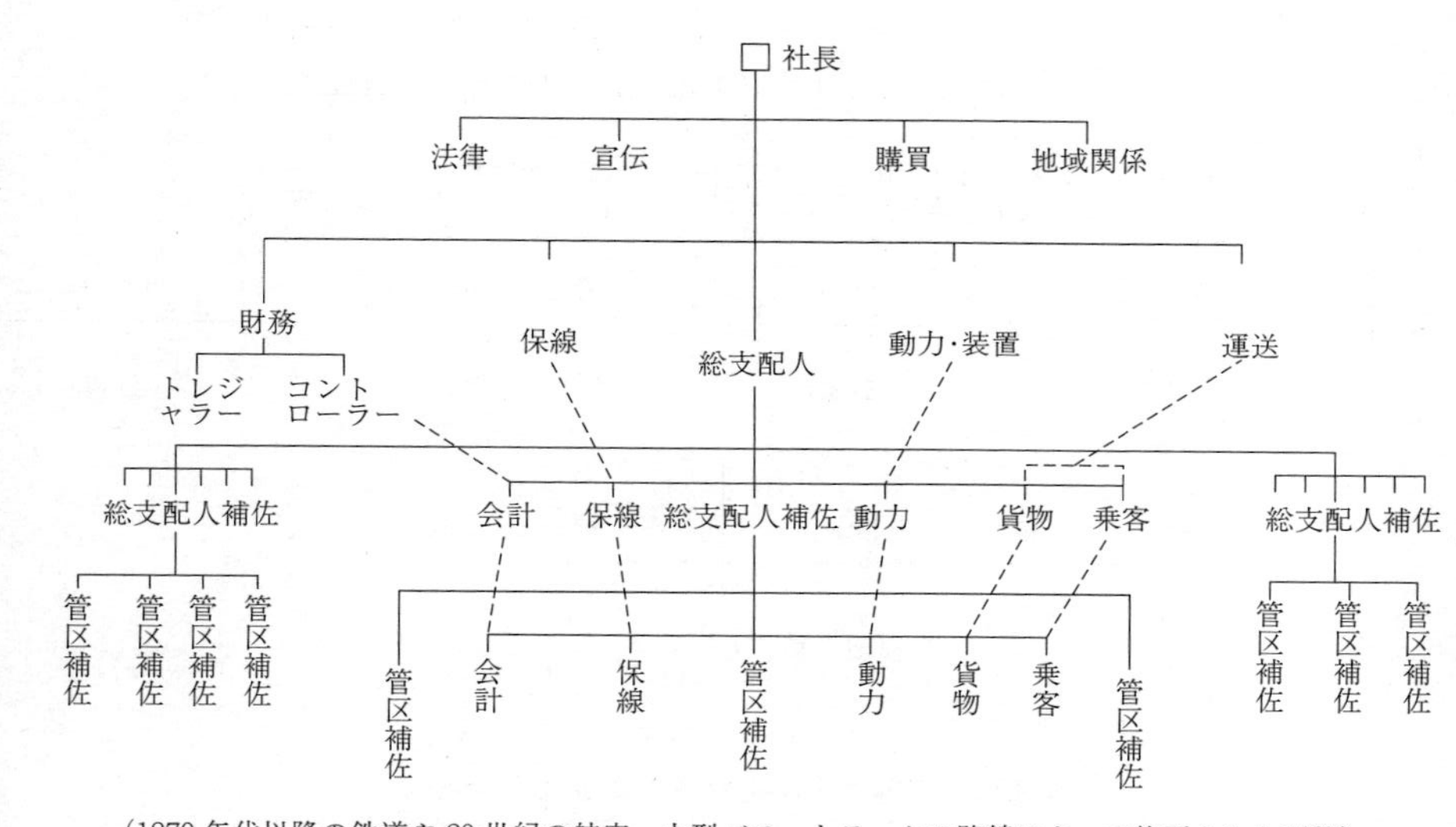

（1870 年代以降の鉄道や 20 世紀の航空，大型バス，トラックの路線によって修正された形態）

図４　複数事業，複数機能企業：集権的職能組織

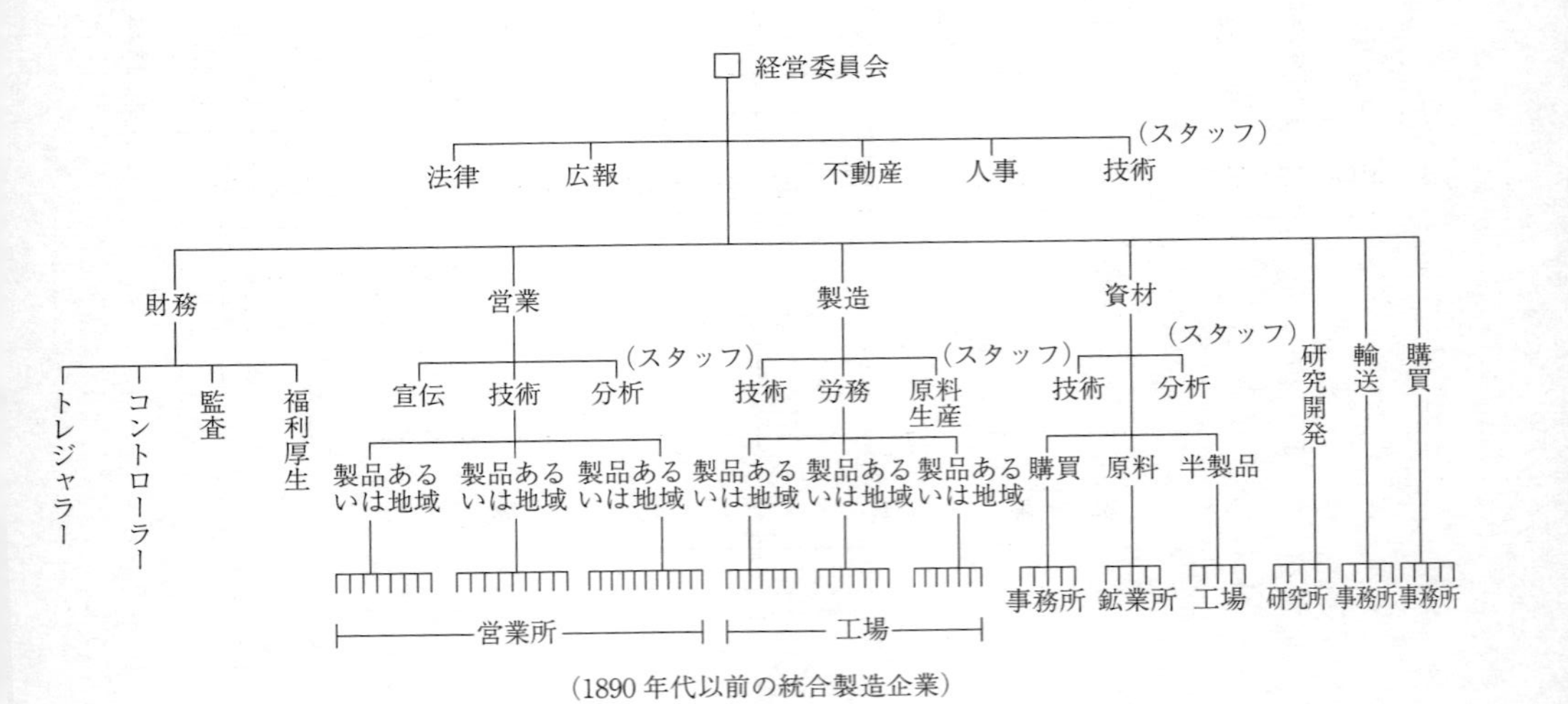

（1890年代以前の統合製造企業）

図5　複数事業，複数機能，複数産業部門企業：複数事業部組織

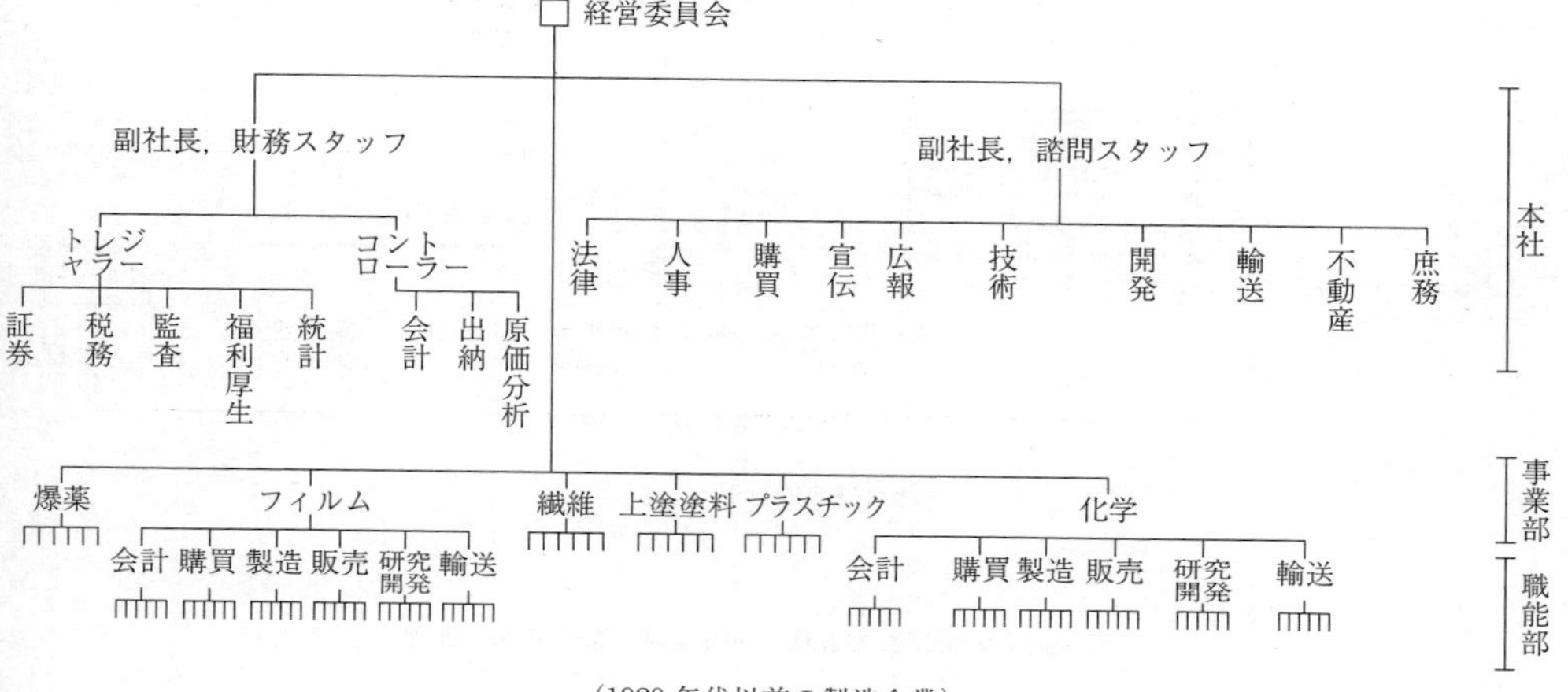

（1920年代以前の製造企業）

図６　複数事業，複数機能，複数産業部門の多国籍企業

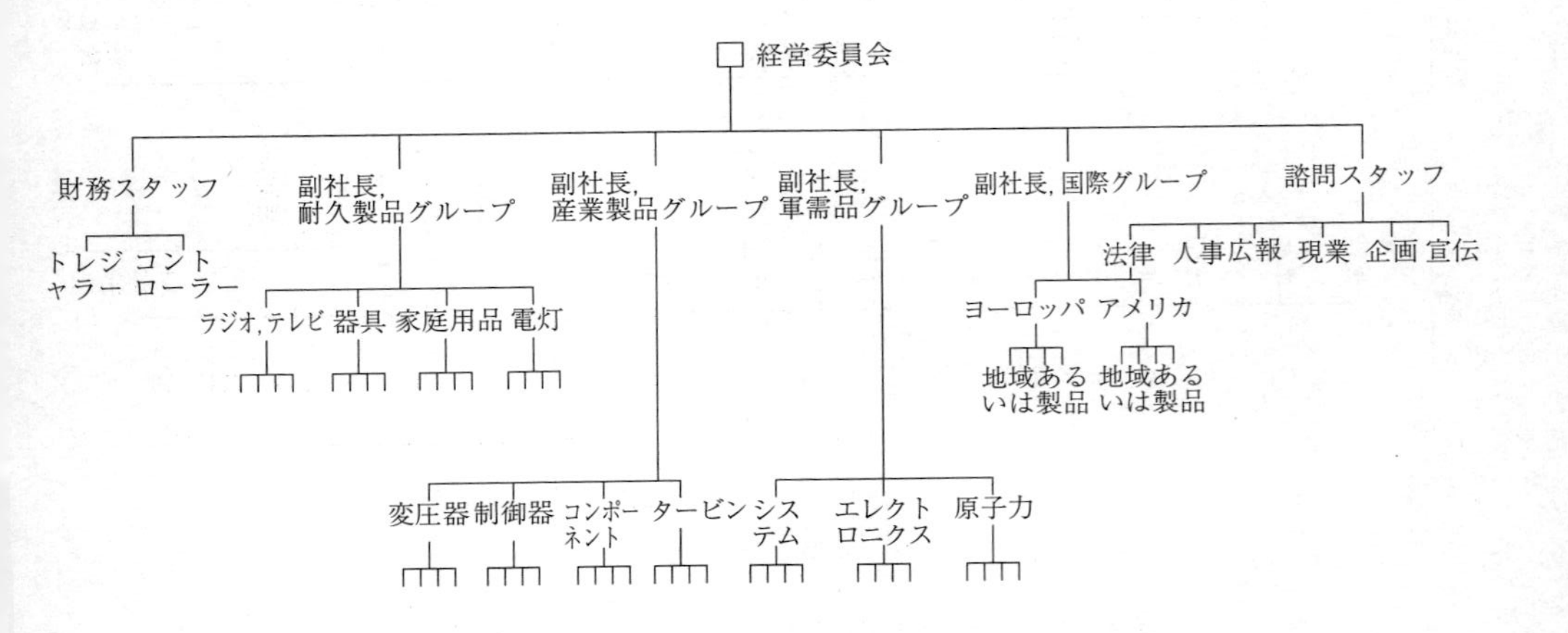

図7　複数事業，複数機能小売業（通信販売業）企業：集権構造

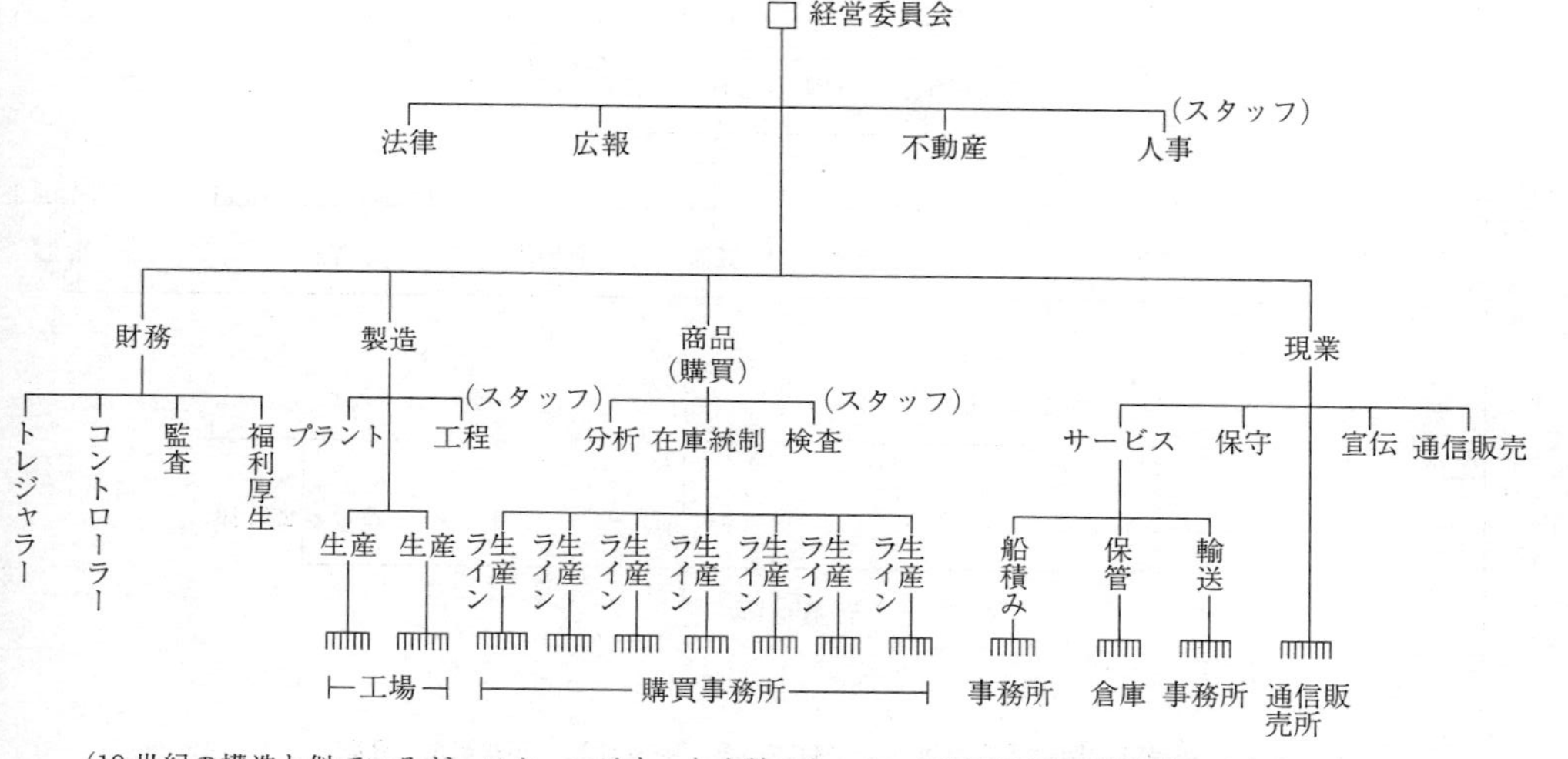

（19世紀の構造と似ているが，スタッフはもっと少数であった。通信販売業は製造業には含まれない。すべての小売業は委員会ではなく，1人の人間によって統轄された）

図８　複数事業，複数機能，複数地域の小売業企業：事業部制組織

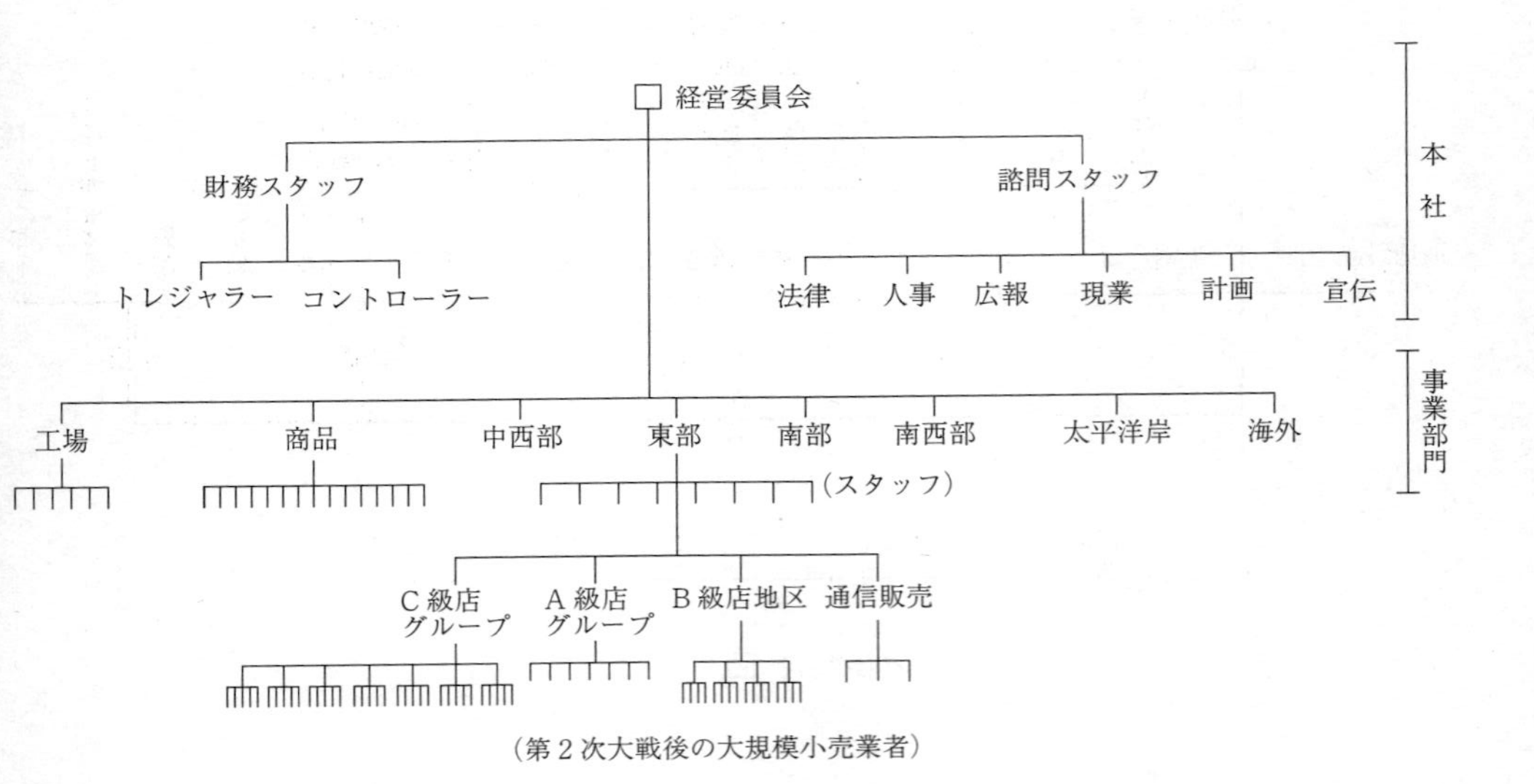

（第２次大戦後の大規模小売業者）

中央本社と職能部の設立

彼らの仕事には、職能部門の設立と、部門と企業全体の仕事の調整、評価、企画をする中央本社の設立の両方が含まれていた（図4参照）。新工場を建設し、古い工場を近代化してゆくなかで、新しい製造部門は——製造工程のおかげで——新しい科学的な工場管理の方法を採用することができて、テイラーのような考え方がアメリカの多くの産業にひろまるのを助けた。購買はもはや小規模な仲買人を通してはなされなくなり、国内外の多くの地域から大量に買入れてくる中央の購買部門によって行なわれた。多くの会社ではふたつの部門が新たに創られた。ひとつは大量の原材料を扱う部門であり、もうひとつは会社の事務所や工場のために小量の（とはいってもまだ多量だが）供給物を買付ける部門である。輸送部門は原料と半加工品の工場への移動と、工場から流通ポイントやしばしば顧客への製品の移動の計画をひき受けていた。また、原料や生産物が会社所有の船舶、鉄道車両、後にはトラックで運ばれることもよくあった。販売部門は仲買人や製造工場の代理店から、卸売業と、ときには小売業の業務もひきついだ。有給営業マンが支店の外で働き、代りに支店が中央本部の地域部長に報告をした。中央の販売所は注文と発送の予定を立てるため、生産部門、輸送部門、購買部門と密着して仕事をしていた。これが総合価格政策を競争相手の行動と需要の短期変動に見合うように調整させた。財務部門は総合価格政策を設定して多くの営業事業単位の実績を評価するために中央本社が用いる原価計算方法を発展させた。そうした会計や統計資料を系統だててゆくなかで、財務部門の幹部が科学的工場管理の実践者の開発した原価計算方法を鉄道のものと調和させたのである。最後に技術的によりすぐれた工業の合併企業のいくつかは、生産物と工程改善に専念する研究開発部門を設立した。

トップ・マネジメント——機能と構造

これらの職能別部門を創りだしてゆくなかで、新しい経営者企業の幹部たちはしばしば初期の企業家企業の持っていた経験にみがきをかけた。他方、中央本社を設立して彼らは近代的な総合管理の方法と手続きの開発に先鞭をつけた。企業家企業においてはトップ・マネジメントは小さくて個人的なものにとどまっていた。統合合併企業では、トップ・マネジメントは集団的なものになり、意思決定の進行過程はしだいに体系的・合理的なものになってきた。トップ・マネジメント集団は、通常、取締役会の経営委員会だが、社長、取締役会の会長、職能部長をも含んでいた。デュポン社、ベツレヘム・スティール社、その他の合併企業では、各職能部門を率いる副社長はとくに監督と企画の全般をまかされ、他方部門の「監督者」(最高幹部会には出席しない)は日常的管理の責任者だった。

この経営委員会が各部門と会社全体の仕事を評価、調整、企画した。業績評価は、財務部が開発した比較統計にもとづいて、ほぼ日常的に行なわれるようになった。調整作業は、企業内の多くの事業単位を通る流れのスケジュールを部門間で協力して組んでゆくことで体系化されてきた。長期計画と資源配分——資金や原料だけでなく習熟した人員も含めて——がすぐに経営委員会の最もむずかしく、一番時間のかかる仕事となった。そういう配分を決定してゆくなかで、委員会は、工業の内部と外部における需要や技術上の変化についての長期予測を必要としはじめたのである。

評価と企画をする場合、経営委員会の基本的な評価基準は投資収益率であった。この割合を決定する公式はより複雑になってきた。デュポン社とその後の大企業では、販売収益率と同様に総資本回転率も含まれるようになった。「回転率」とは、現在ある工場と運転資本のなかの現行の総投資に対する販売額の割合として定義づけられ、資本回転率が上がるにつれて収益率も伸びた。この考え方のおかげで産出量と在庫の回転率の変化の結果が会社の基本的統計資料と会計資料に組みこまれるようになった。

第一次世界大戦までに、近代工業企業の新しい集権制職能部化された構造は製造工業で完成しただけでなく、大規模小売業にも採用されていた（一一五ページ図7参照）。二〇世紀初頭には百貨店、チェーン店、通信販売店は取引の範囲、量、またしばしば店舗数を大幅に増やした。そのいくつかは製造工場を支配して後方統合をするところもあった。いずれの場合でも、彼らは物資の流れを計画し、生産物をデザインし、自分の帳場と出荷事務所を通るすべての商品の価格と品質を定めた。

一九二〇年から二一年にかけての戦後不況は、世紀が変わったときの合同運動以来最初の工業生産物需要の長期低下をしめしたが、この新しい管理統制の根本的な弱点が、とくに生産工程と流通過程の上で大量の原料と半加工原料の在庫を必要とした企業で突然にあらわれた。腐敗しやすい生産物を扱っていた企業や、最初から購買部門、加工部門、販売部門の間で毎日電話連絡を行なって商品の流れを調整してきた企業は生産縮小に困難はほとんど生じなかった。しかしこうした通信でも、電気、自動車その他の大量生産の機械、大規模バッチ生産や連続工程生産方式を用いている金属、化学、ゴムの会社、あるいは大量小売業などを救うことはできなかった。そこでは原料や半加工原料は注文制で、最終製品ができあがる数週間前、ときには数カ月前に輸送機関が手配されなければならなかった。その結果、戦後の不況が急激な過剰在庫を促して、多くの会社では一時的ではあるがきびしい財政危機にみまわれた。

この戦後の在庫危機により、ジェネラル・モーターズ社、ジェネラル・エレクトリック社、デュポン社、シアーズ・ローバック社その他の企業はほとんどすべての日常の作業活動を綿密な需要予測と結びつけて行なうようになった。購買、製造、雇用、最終製品の出荷、価格設定の計画さえも（というのは、価格は産出量による単位あたり原価によって決まるので）実際の販売実績から周期的に修正された年間需要予測にもとづいて行なわれるようになってきた。この予測というのは国民所得の大きさ、景気循環の状態、通常の季節変動、それに市場の予想シェアにもとづくものであった。産出量、財貨の流れ、それに価格は短期予測で測定されたが、将来の生産のための投資決定はもっと体系的に長期予測と結びつけられていた。このような予測の発展にともなって、アメリカの巨大企業の内部構造は実質的に完成されてきた。一九二〇年代以降に単一の製品系列を生産している複数職能企業の内部で起きた変化といえば、実質的にはそれまであった生産の形態や順序を修正することだけであった。

大規模統合企業の支配

このように、一九二〇年代までに近代アメリカ経済における財とサービスの生産のための制度的配置は明確になっていた。コストを下げて生産性を上げるために、高速・大量の生産と流通をしっかりと統制する必要のある産業では、大規模な統合企業が財貨の流れ、総量、価格などをコントロールした。そしてこれらの産業が近代経済及び都市経済の健全な成長にとって非常に重要なものになってきた。ロバート・アベリッテは著書『二重経済』のなかで、七つの基準を用いてアメリカ経済の四一の基幹産業を決定している。その基準とは、技術進歩の普及、資本財の生産、産業連関依存（つまり、後方・前方の強い連関性をもつ）において先頭に立つもの、最大の価格効果または原価効果と他の産業に最高の賃金決定効果をもたらすもの、先導的な成長部門、それに完全雇用の隘路（あいろ）産業である。一九一九年までに、合衆国の上位一〇〇社は三八産業内の三四産業で操業していた（三つの電機産業はまだ創られていなかった）。なかったのは工作機械の二工業と器具製造の二工業だけだった。その上、一部を除いてこれらほとんどの産業はすでに集中化していた。他方、この上位一〇〇社のなかには、天然繊維、材木、皮革の加工や、いくつかの農産物や単純な金属の切削を営む古い産業はほとんどなかった。これら非集中的な工業では、小規模な製造業者がひきつづき仲買人や工場の代理店を通して売買をしていた。しかし、これらの非集中的な工業でさえも、経済の中心で動いている大企業がその物資の流れや価格の設定にますます影響を強めていたが、それは大企業が主要産業を支配していたからのみならず、小規模な単一機能、単一事業の企業との売買があったからでもあった。

第三章　第一次世界大戦以後の近代企業

第一次世界大戦後、大規模な統合企業はひきつづき大型化し影響力を強めていった。生産と流通において、その活動はよりいっそう多様化した。同時に、他の経済部門でもこの形態がますます用いられるようになった。この成長は大規模な複数機能企業の投入から産出へと変換させる機能による基本的な生産や手順にはほとんど影響しなかった。しかし、それはトップ・マネジメントがその仕事を遂行する方法、とくに将来の財やサービスの産出のための生産要素への投資の方法に衝撃を与えた。

大企業は発展するにつれて新しいスタッフ部門を中央本部に付け加えた。一九二〇年代に大規模に労働者を雇用する必要があったことと、一九三〇年代に労働組合に対処する必要があったことにより、労働関係部門がつくられた。株主やより広範な社会との良好な関係をのぞんで広報や株主関係の部門がつくられた。それよりももっと重要なことは、技術的に複雑な加工と生産を行なう会社における研究開発部の発展であった。

第一節　生産と流通における企業の進歩

分権制管理組織の形成

当然のことかもしれないが、第一次世界大戦後の企業における主な進歩は、技術変化と市場変化のひきつづく相互作用によってもたらされたといえる。一九二〇年代に国民所得と需要全体が下がりはじめ、一九三〇年代に劇的に落ちこんだとき、研究開発に大きく投資していた企業は成長への新しい戦略に乗りだした。彼らは研究所を使って科学理論を体系的に応用して新しい市場のための新製品を開発した。製品多角化の戦略は次々に新しいタイプの「分権」構造の採用を導いたが、それは自律的な機能を統合した事業部と、その事業部や企業全体の業績を評価し、計画する総合本社から成りたっていた。

技術的に一番進んでいたアメリカ産業の大規模な統合企業はこの新しい戦略を取る最良の好機を得ていた。それらは複合的な機能をもつと同時に多業種にまたがっていた。それらは必要な技術的・管理的な技能もそなえており、その上、寡占的な地位にあったので、大恐慌のときでさえ利潤を得ることができた。さらに、これらの企業は訓練された人材と設備に大量の資源をたくわえていたので、古い市場が成長を止めたとき、新市場をさがすために、幹部には小さい企業よりもずっと大きなプレッシャーがかかった。

研究開発と多角化戦略

このため当然、研究開発に最大の経営資源の投資をしていた企業がはじめに多様化し、継続的な多角化戦略によって最も急速に成長した。一九二九年には、産業研究に組織された人員の三分の二以上が次の五つの産業に集中していた。すなわち、電気産業に三一・六パーセント、化学工業に一八・一パーセント、機械工業に六・六パーセント、金属工業に六・六パーセント、ゴム工業に五・九パーセントである。マイケル・ゴートが製品の多様化についての詳細な研究のなかで指摘しているように、一九三〇年代には化学工業が多角化の主役だった。これはつまり、化学工業が他の産業群の企業よりも多くの新しい製品ラインを加えたということである。電気、機械、輸送機械、金属原料、ゴムなどの工業もこれにつづいた。さらに、これらの多角化企業が参入していった工業は（順に）化学、機械、金属加工、電気機械、食品、そして石・ガラス・粘土工業であった。この複雑に絡みあった多角化のパターンは第二次世界大戦以降まで続いたのである。

個々の企業史を見てみると、ゴートのもっと一般的な指摘の意味がはっきりする。一九二〇年代には、デュポン社、ユニオン・カーバイド社、アライド・ケミカル社、ハーキュリーズ社、モンサント社などの化学会社は、すべて自分たちの独自の技術的な基盤から新しい産業へと進出している（例えば、デュポン社の基盤はニトロ・セルロース化学で、ユニオン・カーバイド社は炭素化学であった）。その同じ一〇年の間に、大電気工場のジェネラル・エレクトリック社とウェスティングハウス社――それまでは電灯と電力設備の製造に集中していたのであるが――は種々の家庭電機器具やラジオ、エックス線設備の製造にも多角化した。三〇年代の不況時代には、ジェネラル・モーターズ社（それほど大々的ではなかったが他の自動車会社も）はディーゼル機関車、器具類、トラクター、飛行機の製造、販売を始めた。金属原料会社、とくに銅とアルミニウムの会社は台所用品と家庭用品の生産に向かいはじめた。ゴム会社のなかにはゴム化学を開発しはじめるところもあった。また、他の会社の製造したたくさんの種類の製品を売るために、自社の販売網を使うところもあった。一九三〇年代にはまた、食品会社が自分の販売機関を用いて、近い将来自分たちが加工するようになる新しい商品系列を扱いはじめた。

これらの企業のほとんどは、新戦略の必要に応じて新しい分権構造を採用していた。この構造ははじめ、デュポン社の専門経営者によって、多業種にわたる企業活動を計画、調整、評価できるように完成された。この制度の採用により、ひとつの業種から他の業種へと進出してゆくことがむずかしくなくなった（一一三ページ図5参照）。それぞれの自律的な事業部は、ひとつの主要な製品ラインの製造、販売を含むすべての機能を取り扱ったのである。これらの事業部の内部組織は大規模な統合複数機能企業のものとほとんど変わりはない。ひとつの事業部の領域はそれが供給する市場によって定められる。事業部はもっぱら、購買と生産と販売の間の密接な調整を確実に行なうことに専念した。それらは大量生産と大量販売を統合した。総合本社は、二、三人の最高幹部とたくさんの諮問と財務のスタッフからなりたっていたが、通常、職能別にはっきりとしていた。本社は定期的、継続的に各部署の実績を評価した。査定の基準としては投資利益率とともに市場占有率の変化の実績が用いられた。総合本社は長期計画にも専念し、とくに企業の持つ資源を各事業部間にどのように配分するか、また企業がどの機能、どの生産物、どの分野と結びあるいは業務をひろげていくべきかなどを決定した。総合本社は日常的職務をすることはなかったので、全体としての企業のための評価や計画をする余裕があったし、またそのために、長期的な戦略的決定が短期的な業務の決定などによって影響されることも少なくなった。

第二次世界大戦の勃発までに、多角化分権企業は数こそは少なかったがすでに近代産業企業の最もダイナミックな形態になってきていた。製造業において、古い形の、統合的、集権的で、機能別に部門化されていた企業がまだ支配的な産業では、研究開発にそれほど目が向けられておらず、そこではガソリン、タイヤ、またある程度、自動車や重工業の場合のようにひとつの製品系列に縛りつけられていた。小売業では、古い形の集権型の企業が拡大して食料品店や薬局のチェーン店の形や数が多くなり、その他の消費品目も一九二〇年代と一九三〇年代に増加した。その結果、より古いタイプの専門仲買人や小売商が衰えてきた。会計、労働関係、パブリック・リレーション、経営コンサルタントなどの新しい専門分野には、新しい単一機能に専門分化した企業があらわれていた。

第二節　金融業、運輸業、通信業における企業の発展

市場と技術の変化のインパクト

変わりゆく市場と変わりゆく技術は、生産や流通の場合と同じように、金融業、通信業、運輸業、その他のサービス業などの副次的な分野における企業の構造と機能にも大きな変換をひき起こした。

金融業では、活動量が大きくなると近代的な階層制組織の拡大を促した。一八九〇年代という初期の頃でも、保険会社、とくに生命保険会社は全国的な大規模集権組織を建設していた。それらは通常、地域系列に分けられており、鉄道その他の複数事業単位のように、単一機能企業のような構造をしていた。銀行はその事業の地域的な性格からある程度の期間、小規模のままであった。しかしながら第一次世界大戦までに、銀行は自分が免許をうけた州内に支店を増やしてゆくことで営業を拡大しはじめていた。一九〇〇年にはアメリカ銀行のうち、支店をもうけていたのは八七行しかなかった。一九一五年にはその数は三九七行になり、一九三〇年には七

四一行にもなっていた。一九三〇年代までには海外に支店をおく銀行も多かった。

古い形の通信網を扱っている会社と、新しい大衆娯楽と通信分野に進出しはじめた会社では、組織的変化は市場拡大というよりも技術革新の面から起こった。一九二〇年代までに、電気、電子工学、それに写真技術の進歩によって全く新しいふたつの産業が創られた――つまり映画とラジオである。大規模な近代企業がいちはやくこの分野にあらわれたが、それは映画製作が費用を要し、技術的にも複雑であるためであった。配給は国際的規模で行なわれ、綿密なスケジュールの調整と大々的な宣伝が必要であった。技術が規格化されてしまうとラジオも電気利用産業の型にしたがった。大規模な多機能型企業がその設備（大量生産の受信装置を含め）を製造し、小さい地方の会社が放送を受けもった。ところがちがう都市で同じサービスを行なうことに充分な経済性が見出されることによって放送網の形成が促進された。同様の理由で、新聞網も第一次大戦後にはかなりの数があらわれはじめた。最終的に、長い間確立されていた通信網経営で、新進のアメリカン・テレフォン&テレグラフ社が古いウェスタン・ユニオン社にとって代って優勢になり、長距離電話のために電報はしだいに時代遅れになった。

輸送業では初期の内燃機関が第一次世界大戦後に、鉄道が支配していた国内の旅客輸送と後には貨物輸送にも押し入ってきた。一九四〇年までにはその新しい形態が明確になってきた。航空輸送では、鉄道と同様に安全と効率的な運営が不可欠であったが、組織がしっかりと管理されている大規模な二、三の会社が航路を支配しはじめていた。けれどもトラックとバス路線にはそれほどの精密な運営も複雑な設備も、またそれほど多くの資本も必要ではなく、長距離運搬であっても小さな会社が充分効率的に大会社と競争することが可能だった。また一九二〇年代と一九三〇年代には（技術的また財政的理由から）地方の電力公共事業は、地域の複数事業単位企業と結合して、一九世紀の鉄道と同じような形に組織された。

第二次世界大戦と統合多角化企業

第二次世界大戦は多くの産業部門において、とりわけ製造業と流通業の中心的部門において、前世代の制度の発達に笠石をのせ、近代産業企業と戦後経済そのものの印象的な発達のお膳立てをしたのである。

まずはじめに、合成ゴム、ハイオクガソリン、レーダー、電子対潜水艦装置など、新しく技術的に複雑な製品やいろいろな武器に対する戦時中の需要が科学的及び技術的な知識の蓄積をもたらし、アメリカ産業で科学の体系的応用の大規模なひろがりが起こった。その結果、石油、ゴム、金属それにたくさんの食品会社が新しい可能性を発展させて、種々の化学製品や合金を製造した。電気、ラジオ会社は、小さいものも大きいものも、古いものも新しいものも、広範囲にわたる電子製品の製造設備を手に入れた。

次に、経済を稼働させる必要から、それまでまだ多分に技術的に進んでいる大手の統合企業に集中していた管理手法や管理統制の蓄積と拡大が起こった。戦時中には小規模な単一機能、単一事業会社（普通大企業の請負事業をしていた）が将来予測、会計、在庫管理等の近代的方法を学んだ。加えて、この戦争は一九二九年以来初めての完全雇用をもたらした。一九四六年の初めに雇用法が議会を通過して連邦政府が最大の雇用と可能な限り大きな総需要を維持するよう委任されたとき、巨大な大量消費市場の継続は確実になった。大量消費市場維持の実行は――工業技術のひろがりと管理技術知識のたかまりとともに――大戦後の経済発展を約束したが、そこでは大規模な統合多角化工業企業がそれを利用するのにもっとも戦略的な地位にあったのである。

第三節　第二次世界大戦後の近代企業の発展方向

階層制企業の支配

戦後のアメリカ企業の発展は短くしかいいあらわすことはできない。つまり、充分な歴史的評価をするにはまだはやいということである。しかし初期の経験から直接伸びている方向性はいくつかにまとめられる。まず、市場と技術の変化が大企業の継続的成長とそのひろがりをほとんどすべての近代産業――都市経済の分野にまで至ることを促した。また近年、近代階層制企業の勝利もきわだっている。新しい連邦政府により援助を受けた総需要は戦後二〇年間確実な割合で伸びて、一九四八年に国民総生産は（固定価格で）三〇九九億ドルだったのが一九六九年には七二七一億ドルに上った。この成長によって大量消費市場は史上最大となり、地方市場は一九世紀後半の国内市場と同じ位大きくなった。技術面では、エレクトロニクス革命（オートメーションを含む）、高速度コンピューター、新プラスチックや人工繊維、合金などの開発、科学の体系的な工業への応用などすべてが、アメリカ経済のほとんどすべての産業部門に深く影響した。

金融と小売業では、他の消費者サービス業の多くと同様、近代企業の拡大を刺激するという意味で、技術変化よりも戦後の巨大市場の方が重要だった。個々の銀行や金融会社では新しい電子機器のおかげで業務の量とスピードを著しく高めた。銀行業でもっと重要だったことは、ひきつづき支店銀行がひろがっていったことと、主要都市、郊外、州地域の中の小さな事業単位の大規模な階層制企業への統合がすんだことであった。食品業の小売店ではチェーン・ストアがひきつづきブームで、新しい食料雑貨店やスーパーマーケットが大流行した。ホテル、レストラン、その他サービス産業のチェーンは数、規模ともに増大していた。古い型の大量小売業者——百貨店、商品取引チェーン店、通信販売店など——は大型化して分権化と地域系列別の事業部制になった（一一六ページ図8参照）。チェーン店の急成長の結果、単一の事業単位の仲買人、小売業者それにホテルやレストランの数さえも戦争以前よりも急激に減少した。

他方、製造業では、工業技術のインパクトが一番重大であった。オートメーション、コンピューター、新素材（プラスチックなど）は、現状の大量生産工業の生産速度を高め、その産出量を増大させ、まだ大量生産技術が採られていなかった他の産業でも大量生産技術が使えるようになった。このようにして新しい科学技術は統合した複数機能企業の拡大を促して、繊維業、製紙業、ガラス工業そして金属組立業のいくつかに寡占が形成された。科学技術によってテレビが映画とラジオの両方をおさえて最も人気のあるマス・メディアとなり、マス・コミと娯楽産業を変えてしまった。巨額の投資と複雑な日程計画が必要だったため、二、三の大規模なテレビ放送チェーン（ほとんどはラジオのチェーンよりも大きかったが）がすぐにこの産業を支配してしまった。輸送業では、初期の技術革新によって方向づけられた戦前の傾向にいっそう拍車がかかった。航空会社は大型化と複雑化したが数は増えなかった。トラック輸送ではより大規模な会社があらわれたが、大きい会社も小さい会社もお互いにまだ競い合っていた。

複数単位事業と複合機能企業のひろがりよりももっと重要だったのは、多角化した複数業種企業の戦後の成長だった。ここでは技術が大変に重要だった。研究開発へますます集中するようになった統合企業は、いっそうの多角化による拡大の戦略へと変わっていった。すでに多角化していた企業もこれによって新しい生産系列に参入した。一九六〇年代までに、化学、電気機械、ゴム、ガラス、製紙、輸送車などの分野の主要な企業のほとんどが食品会社の多くと同様に、一〇以上の産業（標準産業分類で「四桁」と定義されている産業）に乗りだしていた。金属、石油、機械の大手企業のほとんどはこれら三～一〇産業で営業するようになっていた。それらの新投資から最大の利益を得るために、これらの企業のほとんどは一九六〇年代までに複数事業部組織を採用して、自立的な事業部とその評価、計画を行なう本社をかまえていた。

技術的に進んだ産業で複数事業部組織がこれだけひろく受け入れられた理由のひとつは、この組織が、新しい製品と新しい工程の開発のための科学技術の応用を制度化したからである。このような組織における研究部門は中央の研究スタッフかあるいは業務部門によって生みだされた新製品の商品価値をテストする。本社幹部は日常的な業務上の決定から解放されており、新製品が現在の会社の設備を充分活用できるか、あるいはその製造販売を保証するための有用な新設備が充分開発できるかを判断した。もしそれがみとめられ、あるいは潜在的な市場が現在のものと似ているようであれば、その製造販売は現状の事業部によって扱われる。もしその市場が全くちがっている場合は新しい事業部がつくられた。研究開発の制度化によって、ひとつの新しいビジネス概念があらわれた。プロダクト・サイクル論がそれである。戦略は、新製品がその商品化の初期から成熟期までのサイクルの間を通るまでにそこから最大の利益が得られるように定められた。

複数事業部組織によってもまた、大規模な統合企業は連邦政府の軍備やハードウェアの科学的進歩への需要に容易に応え、また、急激に伸びてきた海外市場に手を伸ばせるようになった。冷戦の間、政府は、航空機、貨物機、ミサイル、潜水艦からふつうの銃や戦車など広範囲にわたる武器や、原子力エネルギー委員会のための原子炉、航空宇宙局（ＮＡＳＡ）の宇宙船とすべての装備品などを必要としていた。これらの市場を扱うために、企業は原子兵器や政府関係一般のための分離した事業部を付け加えた（一一四ページ図6参照）。

海外事業活動の発展

最近の近代企業の発達において、戦後の政府による需要よりももっと重要だったのは、海外への拡大である。垂直統合によって大きく成長したアメリカ企業の多くは、第一次大戦以前にも多国籍化していた（すなわち、外国に工場、設備、人材などを直接投資していた）。一九二〇年代に海外事業をはじめていたものも二、三あった。不況とその後の戦争が海外拡張を沈滞――実際にはほぼ中止させてしまった。その後、一九五〇年代と一九六〇年代初期、とくにヨーロッパ共同体市場が形成されてからは海外市場には大いに拍車がかかった。ヨーロッパへのアメリカの直接投資だけでも一九五〇年の一七〇〇万ドルから一九七〇年には二万四五〇〇万ドルに上った。この「アメリカの挑戦」の先頭に立ったのは、合衆国の企業が海外で行なった直接投資の半分以上を担った二〇〇社であった。この二〇〇社のほとんどが、資本集中型で、進んだ技術をもつ産業であって、すでに複数事業部組織の形態を採っていた。

海外投資は次に、多角化した企業構造にインパクトを与えた。会社が初めて海外に出ようとするとき、ひとつの国際事業部をつくって海外活動を監督、調整し、また、企業の上部管理者に海外事業の投資決定を委ねるのがふつうであった。ところが、業務と投資決定が大きくなり、複雑になってくるにつれて、国際事業部は消えていく傾向にあった。製造事業部がしっかりしているところでは、製造事業部がすでに国内で扱ってきた系列の国際事業をひきついだ。石油、銅、ある種の食品や飲料(コカ・コーラなど)のようなひとつの主要な事業系列に集中している企業では、事業部が地域別になってきており、それぞれが地球上の主要地域をカバーしていた。海外事業の管理者がいることを地域事業部に報告し、また、別のことを製造事業部に報告するというマトリックス形態の構造にまで発展した多国籍企業は非常に少なかった。いずれにせよ、複数事業部の形態は国内的なものから世界的になり、投資決定はひきつづき本社が行なったが、生産の日常的な調整は事業部によって扱われた。

コングロマリットの形成

一九六〇年代に、多角化した複数事業部の企業の大きなバリエーションがアメリカ事業界にあらわれた。コングロマリットである。コングロマリットはその戦略上(またその性質上資本投資も)およびその組織構造上、前述の多業種の多国籍企業とは異なっていた。巨大な多角化企業は主に本来の生産物に関連する産業における工場や人材に直接投資することによって成長してきた。そしてその管理上、技術上、また販売上での技能や資源が競争に有利さを与えた市場へと参入してきた。他方コングロマリットは存在する企業を完全に吸収することによって拡大するのであって、自分の持つ工場や人材への直接投資によって大きくなるのではない。したがって全く無関係の分野に投資することがしばしばあった。多角化投資を求めていた二、三の大石油企業を除き、企業吸収はふつう、資本集中型で、高度技術を持つ大量生産、大量販売の産業内では行なわれなかった。これはむしろ繊維業や海運業など小企業がまだ競争力を保っているような産業、あるいは機械工具や防衛、宇宙産業のように個々の注文を取って製造する特別生産の産業内で行なわれた。初めてコングロマリットを創った人々は、自分たちの産業に継続的な成長の可能性がないと気付いたときや多角化製品系列やプロダクト・サイクルにもとづいた戦略の価値を見出したとき、関連性のない企業を吸収をするという戦略に乗りだした。企業吸収をしようとする企業は、大寡占企業にまだ支配されていない産業内の比較的小規模の企業を獲得しようとする傾向があった。小企業は全体としてまだ経営者的ではなかったので、吸収しようとする会社が新しい管理的、実践的技術を提供することができたのである。

この新型のコングロマリット構造は、成長戦略に影響した。本社は小さく、吸収された業務部門は大規模な多角化企業の事業部よりももっと自立的であることが認められた。コングロマリットの本社の特色は、その財務や法律のスタッフの規模にあったのでも、総括経営者の人数にあったのでもなかった。もちろん多くのコングロマリットでは、古い型の多角化企業の本社幹部よりも多くの幹部を持つようにはなっていた。違うところは、諮問スタッフの規模と役割であった。コングロマリットは、購買、輸送、研究開発、販売、宣伝、製造などのためのスタッフ部門を持っていなかったのである。あったのは、会社企画のための（つまり投資決定に使われる戦略形成のための）スタッフのみであった。その結果、コングロマリットは古い大規模の多角化企業よりも、もっと集中して、新産業や新市場への投資参入と撤退に専念できるようになったのである。他方、コングロマリットは企業の事業部の監視と評価をしたり、各部門の事業成績の改良のために行動を起こしたりするときには大変に非効率的だった。その上、コングロマリットは中央の研究開発施設や複雑な技術についての専門家スタッフを持っていないため、定期的かつ体系的に新しい工程や製品を経済組織に導入する能力に欠けていた。コングロマリットの経営者はほとんどが生粋の投資専門家なのである。しかしながら彼らは銀行や投資信託の経営者たちとは異なり、ほとんど経営業績に責任のない間接的な有価証券への投資よりも、経営に全面的に責任のある直接投資をしているのである。

コングロマリットの歴史が示唆するように、近年の大企業の変化は、短期的な日常的業務よりも、投資戦略の策定により強く影響されている。統合事業組織（あるいはひとつの事業部や会社）のなかの職能部を管理する技術は改良されてきてはいるが、根本的には変わっていない。他方、新しい多角化企業や古い形の垂直統合企業においても本社のトップの業務は拡大し、体系化されてきている。一九五〇年代までには、ほとんどすべての大企業は、その拡大化の道はどうであったにせよ、経営者的になっていた。管理は所有ときりはなされていたのである。企業家やひとにぎりの仲間やその家族ではなく、俸給を受ける職業的管理者がほとんどすべてのアメリカの企業内で短期的な業務決定と同様に長期的な投資決定をも行なっていたのである。トップ・マネジメントは集団組織になっていた。巨大な財務と諮問のスタッフにささえられて、トップ集団はますます長期投資戦略に集中していた。

大企業の継続的成長は、とくに新産業や新分野に参入してゆくにつれ、長期的な投資決定をする上で三つの大きな傾向を強めていった。ひとつは、企業内外から得られる情報はますます高度化しているが、これにもとづいた資本予算や予測などのような体系的な手順の開発の過程における合理化である。もうひとつは、日常的な業務活動から解放された上級幹部の手による投資決定過程の専門分業化である。三番めは、民間企業による投資決定の絶え間ない範囲のひろがりである。一九〇〇年までにすでに主要産業内でこのような決定を行なっていた企業は、二〇世紀のなか頃にはひとつの産業内だけではなく、多くの産業で、それも多くの国々において巨額な直接投資を行なっていたのである。

第一次世界大戦後の数年間で、巨大な階層制企業はこれまでよりもっと強力になっていた。そこでヨーロッパやその他の世界の工業生産が発展している地域と同様、国内の経済活動の市場占有率の増加を統制する必要があった。一九四七年に、合衆国の規模の上位二〇〇社で(全部が全部多角化、複合部門化していたわけではなかったが)付加価値の三〇パーセントと製造業の総資産の四七・二パーセントを占めていた。一九六三年までに、ほとんどの企業が新戦略と新機構を採用してしまった後では、彼らは付加価値の四一パーセントと、総資産の五六・三パーセントをにぎっていた。一九六八年には彼らの総資産は六〇・九パーセントにも上った。これらの巨大企業が巨額な資金の圧倒的部分を生みだし、経済成長の役に立つ産業の研究開発にたずさわる人材のほとんどを供給していたのである。これらの同じ企業は第二次大戦とそれから二〇年の冷戦の間、政府の主要な請負業者であった。それらの企業が原子力や宇宙計画において、重要な役割を果し、また、ヨーロッパや世界の他の地域で「アメリカの挑戦」をひき起こしているのである。

第四章　結び

アメリカ合衆国の民間企業の小規模で個人的なパートナーシップから、巨大で非人格的、多業種にまたがるグローバルな株式会社への発展は、変化し拡大する市場と変化しながら常に複雑化する技術に対する組織的な対応であるといえる。ひきつづく産業革命の新しい技術によって、投入（インプット）への供給が大量に増え、急速にひろがる市場が産出（アウトプット）に対する需要を維持した。投入を産出に変換させる量が著しく増加するのを処理するために、こういう変換を行なう企業では内部組織に注意しなければならなくなり、また、多くの専任の経営者の助けも必要だった。そうでなければ、新しい技術と市場拡大によって可能になったスピードと量で投入を産出に変換することなどできなかったであろう。このような結果できた企業の規模と構造の変化は、個々の生産単位の運営や生産性のみならず、アメリカ経済全体の構造と実績にも影響を及ぼしたのである。

アメリカ企業の発展において、市場と技術は常に関税、税制、補助金、反トラスト法その他の政府の立法や規制以上に大きな役割を果してきた。一九三〇年代になって初めて連邦政府はアメリカ経済運営に重要な役割を果すようになったが、それは、主として財政政策や金融政策によって市場の総需要を維持する責任をとるとか、自ら巨大な消費者になるとか、また、研究開発のための資金を供給して技術を体系的に向上させるというやり方で行なわれてきた。

一七八九年の憲法批准後の五〇年間は、企業の発展に大きなインパクトを与えていたのは技術革新よりも市場拡大の力だった。一九世紀の初頭では、農業生産物の需要の伸び、とりわけヨーロッパの工業地域からの需要が個々の企業活動の専門分化を促した。制度的な専門分業化の過程が、アダム・スミスの著書以来、経済学者たちによって認められていた外部経済の結果として生じた。事実、このような専門分化が、アメリカ経済における財やサービスの生産、販売、輸送、それに金融にかかわる事業制度のすべての基本的な形態をととのえたのである。一八四〇年代までは、これらのますます専門分化する事業単位の活動の調整は、市場の「見えざる手」、すなわち需要と供給の力に主としてまかされていた。

一八四〇年以降の数十年間は、拡大する市場よりも技術の方が企業の発展にとってはより重要な役割を果した。事実、技術そのものが市場を拡大しはじめたのである。新しい技術は輸送、販売、生産、金融の過程を革命的に変えてしまった。またそうしている間に、企業の構造と機能も根本的に変わってしまった。制度上の分業よりも制度上の統合が企業の発展の中心となった。生産と流通のすべての過程の中間にある事業単位を集中的に統制することによって、各事業単位内の高価で新しい資本装備を継続的、恒常的に使えるようになった。これら資本集中型の施設にとっては、量が増減するごとに単位あたりのコストが急激に上下するため、フローの維持が非常にむずかしかった。企業が新しい事業単位を追加し、統合していきながら成長してくると、ひとつの専門事業単位から他の専門事業単位への財の流れの調整は、大規模でしかも地理的にもひろがった階層制組織により、たくさんの部門においてなされるようになった。管理の「見える手」が市場力の「見えざる手」にとって代わったのである。

この変化はまず、輸送と伝達にあらわれた。鉄道と電信が広範囲に使用されるようになってからわずか一世代の間に、二、三の巨大な階層的に組織された企業、それも多数の者が配置され、数百人もの管理者を置いた企業が、国内の新しい輸送と通信制度全体の列車、交通、電文の流れを調整していた。輸送と通信が高速大量化するにつれて、新しいタイプの企業――つまり大量生産者――が、何世紀もの間、商品流通にたずさわっていた商人にとって代わった。新しい大量生産者たちは、これまで以上に高速大量な商品流通を可能にした。彼らは、製造所や加工者から小売店や最終的な消費者へ、また、規模的には小さいが、原材料の供給者から製造者、加工業者へという物資の直接的な流れを調整する管理ネットワークをつくりだすことにより、それを可能にしたのである。

スピードが上り、輸送と流通がととのい、そのコストが低下することにより、アメリカでは工場導入がすばやく行なわれ、大量生産の新しい工程が開発されるようになった。これらの新しい方法は、大量の燃料使用、労働の分業化、改良された機械や上手な工場設計などによって生産量と生産速度を激増させることができた産業にあらわれた。生産技術によって大量生産ができるようになった産業や、生産規格化によって大量市場取引ができるようになった産業では、大量生産と大量流通の過程がひとつの企業内に統合されるようになった。そのような企業が管理ネットワークを設けて原材料供給者から生産過程を通り小売業者や最終的な消費者へと流れる物資の流通を調整したのである。

第一次大戦後、企業の活動と構造の変化は、現在の生産工程よりも将来の生産のための投入の配分に影響を与えた。すなわち、それらは業務上の決定よりも投資決定により大きい影響を与えたのである。人材や物資や機械にかかる巨額な投資と高度に発展した技術や経営技術を継続的に使用するため、大企業は――現在の生産物への需要が減ってくると――新しい系列へと多角化し、新しい地域へと進出しはじめた。これらの多角化し、国際化した企業では、事業部がひきつづき生産と流通の過程を現在の市場需要にあわせるという仕事をうけもっており、本社の幹部役員が長期的配分と投資決定に専念していた。このように、現在と将来の生産は大規模な管理ネットワークの責任者により、経済組織のたくさんの部門で決定されるようになった。これらの決定は将来の市場と技術の変化を見通した基礎の上にたてられたものであって、初期の頃のように投資資本の価格、つまり変動利子率にあらわれる市場の力の見えざる手に従っているのではなかった。

合衆国における企業の発展はその後、産業革命の必須構成要素である組織革命の役割をはたすものであった。組織変化によって、急増する人口が国民所得を増加させることができるような新しい技術の開発の可能性をつくりだすことができた。新しい経済制度――つまり大規模な複数単位企業―と新しい経済階級―専任の俸給経営者――がでてきたことにより、生産性の維持や急速にひろがる経済の成長には絶対必要な高速大量生産ができるようになった。新しい組織設計が開発されていなければ、また、投入から産出への変換を調整する新しい人間の募集と訓練がなされていなかったら、拡大する市場の「外部経済」も大企業の「内部経済」も完全に実現していなかったであろう。新しい経営者企業と新しい経営者階級の出現が新しい技術の成功を実現させるのに絶対必要だったのである。組織改革は、技術変革に似て、近代化への過程のかなめであった。

（1） *Metallurgical Review*, December 1877, pp. 332-3.
（2） Temin, *Iron and Steel in Nineteenth-Century America* (Cambridge, Mass, 1964),

p. 165.

(3) James H. Bridge, *The Inside History of the Carnegie Steel Company* (New York, 1903), p. 85.

(4) *Transactions of the American Society of Mechanical Engineers*, vii (1886), pp. 429–30.

(5) From a talk entitled 'The Gospel of Industrial Steadiness', delivered in Boston on 25 May 1899, and published in James H. Bridge (ed.), *The Trust: Its Book* (New York, 1902), pp. 87–8.

訳者解説　チャンドラー経営史論

チャンドラー教授の研究業績は、現在では経営史研究という狭い研究分野にとどまることなく経営学をはじめ経済学からさらに歴史学にまで広く影響を与え、いまや「チャンドラー学派」まで形成するにいたっている。[1] この意味からいえば、チャンドラー教授の研究業績の評価と理論的特徴の解明は、広いパースペクティブな視角からなされるべきであろうが、ここでは経営史家としてのチャンドラー教授の経営史研究の位置づけと、経営史論の特徴について「解説」の範囲でふれてみたい。

1　アメリカにおける経営史研究の展開とチャンドラー教授

アメリカの経営史学のパイオニアの一人であるH・M・ラーソン女史は、経営史研究の課題にふれて次のようにのべている。

「アメリカに恐慌が発生し、ヨーロッパにコミュニズム、ナチズム、ファシズムが擡頭し、一般大衆の非難がビジネスにむけられたとき、経営史家に与えられた課題は、ビジネスにおける経験を間接的に学生に伝えるだけでなく、今日のビジネスに対してよりよいパースペクティブを与えることであった。経営史は、こうしてビジネスマンと一般大衆の双方に、現代社会におけるビジネスの本質、責任ならびにその役割について、より明確に理解させる教育の一つの手段となったのである。[2]」

この言葉のなかに、一九二〇年代後半に生成したアメリカ経営史学の背景とその意図がしめされている。

一九世紀末期より二〇世紀初頭にかけて大企業は、第一次大戦後のアメリカ資本主義の著しい発展を経て、いっそうその基盤を拡大し、その支配を強化してきた。このような大企業の支配力の強化は、組織の巨大化を促進するとともに、企業管理の複雑さを増大させた。ここに専門経営者の養成をめざすビジネス・スクールの開設が急がれた事由があった。一九一九年に実業界よりハーバード・ビジネス・スクールの院長に迎えられたW・B・ドーナムは、とりわけこのような財界の時代的要請に敏感であった。彼は、弁護士、医師のような職業の特質である倫理的規範と専門的知識を身につけ、時代的要請をになうことのできる専門経営者を養成する必要を感じ、ハーバードを経営学研究とビジネス教育の機関に組織していったのである。

ドーナムのこのような計画の一翼をになうものとして経営史の研究と教育も、経営学の体系のなかに位置づけられることになったのである。すなわち、彼はビジネス教育をより広い基盤の上におき、時代的要請に対応しうる専門経営者を養成するためには、過去における企業経営のさまざまな経験を体得させながら、彼らにより広いパースペクティブと視野をもたせる必要から、経営史の研究と教育の重要性を強調したのである。こうしてドーナムは、その経営史の研究と教育を支えるものとして一九二五年に「経営史協会」(Business Historical Society, Inc.)を設立し、つづいて一九二七年にはハーバード・ビジネス・スクールに「経営史講座」を開設した。(3)

経営史協会はその設立目的として「あらゆる時代、あらゆる国における経営活動の発達についての研究を奨励し援助する」ことをあげ、ニューヨーク・ファースト・ナショナルバンクのジョージ・F・ベイカーの寄付による「ベイカー図書館」(Baker Library) を史料館として、経営史料の保存と経営史の研究と教育の援助にあたった。経営史協会は設立の翌二六年から『経営史協会誌』(Bulletin of the Business Historical Society) を隔月発行し、もっぱら協会の収集した経営史料の紹介にあたった。さらに、一九二八年には経営史協会とハーバード・ビジネス・スクールとの合同で、季刊『経済・経営史雑誌』(Journal of Economic and Business History) を発行し、経営史に関する研究論文を掲載することになった[4]。

この経営史協会の会員には、メーシー百貨店主J・Jストラウス、ボストン証券取引所所長G・A・リッチ、U・S・スチール会長E・H・ゲリー、グレイト・レーザン・レイルウェイ社長R・バット、連邦準備銀行会長H・F・カーティス、AT&T社長W・ギフォード、商務大臣H・フーバァーという大企業の経営者や政府要人の参加がみられ、政財界の経営史の研究と教育によせる関心は決して低いものではなかった。

このような経営史協会を中心とする経営史研究をめぐる動きのなかで、一九二六年ハーバード・ビジネス・スクールのカリキュラム「経営政策論」(Business Policy）のなかに「経営史」の講座が教科目として開設されるにいたった。こうして企業の経営政策の設定にあたって、その基準と規範を過去の企業経営のなかに求める必要から、経営政策の一部として、経営史の教授がはじめてとりあげられるにいたったのである。そして、翌二七年にドーナムの要請により、当時ミネソタ大学の経済史教授であったN・B・S・グラースがハーバードに招かれ、その後若干の準備期間を経て、一九三〇年に講義が開始されるにいたった。この講座はメーシー百貨店社長アイシドー・ストラウス（Isider Straus）を記念して寄付された資金により設立されたことから The Straus Professorship of Business History と称された[5]。

このようにアメリカにおける経営史研究は、経営史協会とハーバード・ビジネス・スクールを中心機関として、『経済・経営史雑誌』をその機関誌として発展してきたのであるが、この機関誌は、大恐慌の長期化による財政的困難と、編集をめぐる意見の対立から一九三二年停刊のやむなきにいたった。そして、一九三五年に、経営史協会の改組が行なわれ、そのイニシャティブはハーバードに移されるにいたった。こうして経営史協会の「経営史協会報」も一九三六年にはハーバード大学のR・M・ハウアー、H・M・ラーソンに引き継がれ、『経営史評論』（Business His-

史協会も「アメリカ歴史学会」や「アメリカ経済学会」との合同研究会を催し、経営史研究の進展のため、隣接諸科学との交流を意識的に深めるなど、学会としての性格を強めてきた。

ハーバード・ビジネス・スクールにおいては経営史講座の開設以来、グラースの指導下にベーカー図書館に収集された経営史料にもとづく個別企業を中心とする経営史研究が、ハーバードのケース・スタディ、ケース・メソドと結合してすすめられた。この研究成果は、「ハーバード経営史叢書」(Harvard Studies in Business History) として刊行され、今日まですでに二十数冊に及んでいる。

第二次大戦後のアメリカ資本主義の発展のなかで、経営史の研究は、経営者の企業活動といっそう深いかかわりあいをもちながら飛躍的発展期をむかえるにいたった。戦後、経営史に対する研究者の関心も高まり、ハーバード以外にも企業の管理活動について研究するものもあらわれ、しだいに経営史研究は市民権を確保してきた。それと同時に、戦後のアメリカ資本主義の一定の経済成長の持続を背景とし、他方でアメリカの世界的戦略、なかんずく低開発国の工業化と関連しながらあらわれた「企業者史研究」(Entrepreneurial History)の挑戦をうけることになる。

このような状況のなかで、従来のようにハーバードのみを中心とした経営史研究のあり方を改め、現実的課題に対応できる研究体制を組織する必要にせまられた。

その解決をせまられた第一の問題は、経営史研究の資金確保の方法に非常な困難さがあったことであった。経営史研究はまず調査研究に相当の費用を要するばかりでなく、その成果の発表についても出版社の協力を得ることが必ずしも容易でない。そこでそれらの費用をどのようにして賄うかが最初からかなり重要な問題となっていた。ひとつの方法は研究の対象に選んだ会社から直接援助を受けることであったが、しかしそのような方法によるときは、研究者の自主性をどのようにして維持するかという問題や、研究の対象が現在活躍中の会社に限定されるという問題がどうしても発生する。そこで研究の自主性がそこなわれることなく、しかも資金的援助がえられるような方法として、研究者と会社の中間に介在して機能するところのなんらかの機関の設立が要請されるにいたった。

第二は、現在の大企業や持株会社についての研究のように大きな研究のプロジェクトをすすめるための困難な問題である。とくに、戦後のアメリカにおける持株会社や投資銀行を中心とした利益集団、金融資本グループの支配についての研究はきわめて重要になってきた。しかし、このような巨大な企業についての研究は、個人はもとより、一大学ですら十分に取り扱えない問題が資金確保もふくめて存在する。そこでこのような研究をすすめるためには、共同研究とその組織体制をつくることが必要とされた。

こうして一九四七年ニューヨークに「経営史財団」(Business History Foundation, Inc.)が設立され、経営史の共同機関として、また経営史の研究・出版助成機関としての役割をはたすことになったのである。その最初の事業が、ニュージャージー・スタンダード石油会社史の編纂であった[6]。

一九五〇年代後半には、アメリカ金融資本は世界資本主義諸国にたいする圧倒的な支配的地位の確立を背景に全世界に多国籍企業として進出を開始する。このようなアメリカ多国籍企業の展開に対応して、経営史研究の対象も多国籍企業の活動により強い関心がおかれるようになる。このことを促したものに企業者史研究の動向があった。

この企業者史研究は一九四八年ハーバードのアーツ・アンド・サイエンス(The

Graduate School of Arts and Science）に、ロックフェラー財団の献金とカーネギーからの特別資金援助によって「企業者史研究所」（The Research Center in Entrepreneurial History）が設立され、従来のハーバード・ビジネス・スクールのビジネス・ヒストリーとはことなる、経済成長と「企業者」の役割の解明をめざす研究が、この研究所を中心にすすめられた。この研究所の初代所長には、当時上記大学院の経済学部門（Department of Economics）の担当教授であったJ・A・シュムペーター（Joseph A. Schumpeter）が就任した。このことは、企業者史研究の理論的出発点にシュムペーターの「革新理論」あるいは「企業者論」がすえられていたことをみれば、当然のことであったともいえよう。この研究所は一九四九年より機関誌『企業者史探求』（Explorations in Entrepreneurial History）を創刊し、一九五三年以降「企業者史研究叢書」（Studies in Entrepreneurial History）というかたちで、その研究成果を公刊している。[7] この研究所を中心とした研究メンバーに、若き日のチャンドラー教授がいたのである。この意味でも、企業者史研究がチャンドラー教授のその後の研究に与えた影響は大きかったといえよう。

そこで、この企業者史研究がどのような社会経済的背景のもとに、また、いかなる意図をもってあらわれるにいたったかについてあきらかにしておくことは必要であろう。

企業者史研究が形成されたのは一九五〇年代のことである。この時期、アメリカ資本主義は戦時経済下での諸矛盾を顕在化させつつも、多くのアメリカの経済学者の予測に反して、一九三〇年代のような深刻な恐慌を経験することなく、戦後かなり長期的な経済成長を続けることができた。このような状況を反映して、「経済成長論」が擡頭してきた。企業者史研究も、こうした経済成長論と結びついて形成されてきたことはいうまでもない。たとえば、このことは、企業者史研究所が「経済成長に作用する人間活動に関する研究」を共通テーマに設定し、経済成長における「企業者活動」(Entrepreneurship)の役割をとりあげていることからもあきらかである。[8]

この企業者史研究所はロックフェラー財団からの資金援助打切りを機会に閉鎖されたが、この研究が内外に与えた影響は大きかったといえよう。こうした研究環境のなかで、経営史研究の総合化をめざすチャンドラー教授がハーバード・ビジネス・スクールの経営史の主任教授に迎えられ、文字通りアメリカを代表する経営史

家としての活躍が開始されるのである。(9)

（1） チャンドラー学派の位置づけに関しては次の研究を参照されたい。辻原悟稿「ビッグ・ビジネスおよびリーダー観の史的変遷――チャンドラー学派の位置付けをめぐって（上）（下）」（『商学討究』第三〇巻第二号、第三一巻第一号）、和田一夫稿「チャンドラー仮説の影響」（『アカデミア』経済経営学編七二、一九八一年）。

（2） H. M. Larson, "Problems and Challenges in Business History: Research with Special Reference to the History of Business Administration and Operation", Bulletin of the Business Historical Society, vol. xxiv, no. 3, p. 124.

（3） H. M. Larson, Guide to Business History: Material for the Study of American Business History and Suggestions for their Use, 1948, pp. 6-7.

（4） N. B. S. Gras, "Past, Present and Future of the Business Historical Society", Bulletin of the Business Historical Society, vol. xxiv, no. 1, 1950.

（5） H. M. Larson, "Business History, Retrospect and Prospect", Bulletin of the Business Historical Society, vol. xxi, 1947, p. 187. なお、メーシー百貨店の経営史については次の研究がハーバード経営史叢書の一冊として出版されている。Ralph M. Hawer, History of

Macy's of New York, 1856–1919, 1943.

（6） H. M. Larson, "The Business History Foundation, Inc.", Bulletin of the Business Historical Society, vol. xxi, no. 3, 1947. こうしたプロジェクトのうちすでに次のものが出版されている。

① Ralph W. Hidy and Muriel E. Hidy, Pioneering in Big Business: History of Standard Oil Company, (New Jersey), 1882–1955. ② George S. Gibb and Evelyn H. Knowlton, The Resurgent Years: History of Standard Oil Company (New Jersey), 1911–1927, 1956. ③ H. M. Larson and K. W. Porter, History of the Humble Oil and Refining Company: A Study in Industrial Growth, 1959.

（7） 「企業者史研究叢書」には次のものがある。

① T. C. Cochran, Railroad Leaders, 1845–1890, The Business Mind in Action, 1953.
② H. G. J. Aitken, The Welland Canal Company, A Study in Canadian Enterprise, 1954.
③ S. Diamond, The Reputation of the American Businessman, 1955.
④ H. C. Passer, The Electrical Manufacturers, 1875–1900, 1955.
⑤ B. Bailyn, The New England Merchants, in the Seventeenth Century, 1955.
⑥ M. J. Nadworny, Scientific Management and the Union, 1900–1932, A Historical Analysis, 1955.

(8) 拙稿「経営史学的研究の形成と展開」(経営学研究グループ編『経営学史』(一九七二年、亜紀書房)二六六〜二七三ページ。

(9) チャンドラー教授の主な研究業績は辻原悟稿「A・D・チャンドラーの経営史の方法」『商学討究』第三二巻第三号、第三四巻第一号を参照されたい。

2 チャンドラー教授の経営史論の特徴

(一)

チャンドラー教授の経営史論の特徴について、彼の代表的著作である『経営戦略と組織』と『経営者の時代』の二著作をとりあげ、主としてその理論的フレームワークから検討したい[1]。

『経営戦略と組織』の公刊は一九六二年であるが、これは経営史研究者のみならず、経営学をはじめ経済学、歴史の研究者にも大きな影響を与えるものであった。このことは、この書の「組織は戦略にしたがう」(Structure follows Strategy)という命題とともにチャンドラー教授の名を広く世界にひろめることになったことをみてもあきらかである。

この『経営戦略と組織』でチャンドラー教授が解明したものは、現代の大企業の支配的な管理組織となった事業部制組織の形成の歴史的過程であった。すなわち、チャンドラー教授は大企業の管理組織が集権的組織から分権的組織へ、職能部制組織から事業部制組織に転換＝発展するプロセスを、デュポン、GM、スタンダード石油、シァーズ・ローバックの四社の実証的な事例研究（Case Study）により解明したのである。そして、この四社の事例の比較研究を通じて一般化した、さきの命題「組織は戦略にしたがう」を確認したのである。

チャンドラー教授は、こうした命題を提起するにあたっての理論的なフレームワークとして、企業の管理組織とそれをとりまく外的環境としての市場との関係を、戦略という媒介項によって結合させ、この両者の相互作用のなかで、大企業の管理組織にどのような変化が生じるかをあきらかにするということを提起したのである。

ここでは市場経済という客体的環境とそれに対応する企業という経済主体の相互作用のなかで、企業の管理組織の変化を解明する目的のために、「経営資源の効率的配分」である企業の戦略がいかに自らの管理組織を編成しようとするかという視角からアプローチされている。

この研究視角の意義について、チャンドラー教授自ら次のようにのべている。

「アメリカの大企業の組織と戦略の変遷にとって、何よりも重要な意味をもっていたのは、いうまでもなく市場であった。国内市場の変化が、初期の成長と、統合と多角化の戦略を形づくったのである。新旧の経営資源を、この市場変動に合致させてゆく必要から、集権的職能部制が成立した。さらに、より広範な地域や新系列の事業への進出によって、各種の自立的事業部が設立され、このために企業の膨脹した職能業務を、各種の市場需要に結びつけることができるようになった。これら多くの大企業の経営管理史から、これほどまで、はっきり示されているる市場と経営管理方式との密接な関係が理解されるならば、これによってアメリカ大産業企業がどのようにして成長し、また、その成長の間にどのようにその管理機構を形成し、修正してきたかということについて、もっと一般的な説明ができるのである(2)」。

近代企業における基本的な階層構造

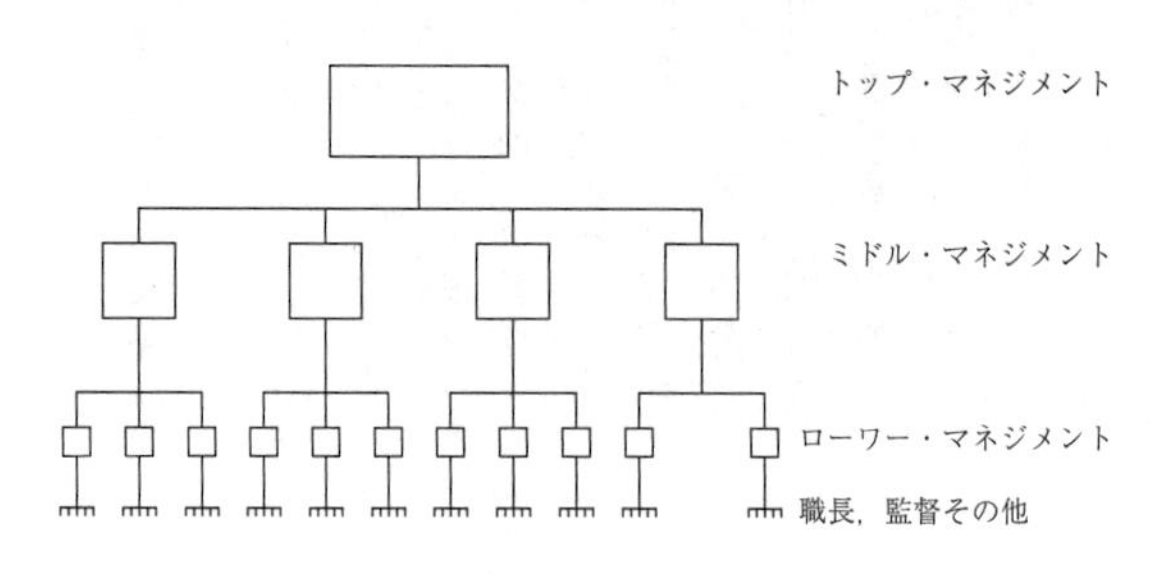

チャンドラー教授がこのような「市場↕戦略↕組織」という研究視角を提起した理論的前提には、「組織の基本目的のひとつは、市場需要の変動に対応して、企業の全活動を統一するということにある」[3]という教授の認識があった。

　このような研究視角は、これまでのハーバード・ビジネス・スクールを中心とした「管理史的経営史」研究の個別企業の組織それ自体から管理組織の発展を捉えようとする傾向と、その後の「企業者史」研究の経済成長（マクロ）と企業者活動（ミクロ）を直結する傾向という、両者の方法論的限界を克服し、この両者の統合を理論的にも方向づけたものといえよう[4]。

　こうした経営史研究への直接的なインパクトのみならず、チャンドラー教授の研究視角は、これまでの経営学や経済学の研究にも理論的反省をせまるものであった。[5]
チャンドラー教授は以上みたような研究視角にもとづきながら、近代的な分権制管理組織の形成を、ビッグ・ビジネス四社の歴史的過程のなかで解明したのである。この事業部制組織が右図にみるように、現場組織（Field Unit）、部本部（Departmental Headquarters）、事業部中央本部（Central Office）および総合本部（General Office）の四階層からなり、それぞれの職位には異なった範囲の管理業務、ならびに権限のレベルが存在するということをあきらかにした、いわゆるチャンドラー・モデルなるものも、経済学の分野で広く一般的にうけいれられている重要な点である。
さらに、チャンドラー教授の『経営戦略と組織』における研究方法が、ハーバード・ビジネス・スクールのケース・スタディの良き伝統を継承しつつ、しかも、この個別企業の経営史研究という限界を、大量観察と比較研究の方法を導入することによって克服し、一般経営史研究への途をきりひらいたことも高い評価をうけているところである。この研究でチャンドラー教授は、七〇社にのぼる大企業の管理組織を調べ、事業部制組織が大企業における支配的な管理組織となっていることを確認したうえで、この事業部制組織をつくりだした先駆的企業のなかからデュポン、

GM、スタンダード石油、シァーズ・ローバックの四社の事例を資料にもとづきながら解明し、このプロセスを比較検討し、さらに、この分析でえられた結果を一〇〇社近くの大企業の傾向と照合し、さきにふれた一般化としての命題の確認をおこなっている。

(二)

『経営戦略と組織』が公刊されてから一五年後、チャンドラー教授は再び画期的な研究成果を世に問うた。『経営者の時代――アメリカ産業における近代企業の成立』*である。

*原書名は『ザ・ビジブル・ハンド――アメリカ企業における経営革命』(The Visible Hand: The Managerial Revolution in American Business) である。

チャンドラー教授は「本書の目的は、合衆国における生産と流通がどのように変化し、またどのような方法で管理されてきたかを検討することにある」とし、この過程を遂行した近代企業と管理者の擡頭に焦点をあてており、その意味で「本書は企業制度と経営者階層の歴史でもある」[6]とする。

ここでチャンドラー教授は、企業組織の変化を市場と企業内部との取引コストの比較からみるR・コースやO・E・ウィリアムソンらの「内部組織の経済学」の研究者と同様に、[7]企業と市場を代替的な経済制度として同じ経済機能をはたすものとしてとらえており、この経済活動の調整と資源配分という経済機能について、近代企業のマネジメントという〝目に見える手〟が、かつてアダム・スミスが市場を支配する諸力の〝見えざる手〟とよんだ市場メカニズムにとってかわった歴史的プロセスを解明しようとした。そして、このように、近代企業がこれまで市場によって遂行されてきた諸機能をその手中に収めることになったため、近代企業がアメリカ経済のなかで最も強力な制度となり、その管理者たちは経済的意志決定者のなかで最も影響力をもつグループとなるにいたった。こうして近代企業の擡頭はその結果として「経営者資本主義」(Managerial Capitalism)を招来することになったとするのである。

チャンドラー教授のいうところの市場と企業のはたす経済機能とは、近代的な交換経済(Exchange Economy)を基礎とした資源配分(Allocation)、業績監視(Monitoring)、調整（Coordination）の三つの機能を意味する。すなわち、近代的な交換経済においては専門化した事業単位（Specialized Unit）によって経済活動が担われており、経営資源（設備、資金、人材）をそれらの事業単位（Operating Unit）に提供するプロセスが資源配分である。こうして資源が事業単位にわたされ、その成果（Performance）や機能（Functioning）をチェックしたり、それらの事業単位に報酬を与えるプロセスが業績監視である。さらに、諸事業単位間の財や情報の流れ（Flow）や取引（Transaction）を組織し、促進するプロセスが調整である。[8]

こうした三つの機能のうち、チャンドラー教授は調整機能を最も重視する。なぜなら、この調整とは、事業単位間の財や情報の流れを効率的に計画化することによって、生産・流通に要する施設や人員の集中的な使用を可能とし、その結果、生産性を増大させ、コストを節約し、経済制度の成果を上昇させることができるからである。

そして、この管理的調整という機能においては、市場メカニズムよりも、複数の事業単位を統制下におき、その事業単位間の取引を内部化する近代企業のマネジメントの方が優位を占め、こうして近代企業のマネジメントが市場メカニズムにとってかわることになるのであるが、それはマネジメントのための階層制組織が創設されることによって実現する。以上がチャンドラー教授のマネジメント論の骨子である。

したがって、上記の立場に立てば、近代企業とは㈠多数の異なった事業単位から構成され、㈡階層的に組織された俸給経営者(Hierarchy of Salaried Executives)によって管理されるという特質をもつものと規定されることになる。すなわち、近代企業以前の伝統企業は、「小規模で個人的に所有され運営され」「市場と価格のメカニズムによって調整され、かつ監視されていた[9]」。これに対して近代企業は次のような特質をもつのである。

「近代企業は、多数の事業単位をその統制の下におくことにより、異なった地域で営業するようになったばかりでなく、しばしば異質の経済活動を遂行し、また異なったラインの財貨やサービスをも扱うようになった。かくして、これら複数の事業単位の活動と、また各事業単位の取引とは、企業内に内部化されるようになり、市場メカニズムよりもむしろ有給の管理者によって、監視され調整されるようになったのである。[10]」

以上のような分析視点からチャンドラー教授は、アメリカにおける生産と流通に革命的な変化の生じた一八四〇年代から一九二〇年代の時期に、この生産と流通を担った企業という事業単位が、どのような方法で管理され、また調整されてきたかをあきらかにしようとしたのである。

こうして『経営者の時代』は前書『経営戦略と組織』以上に多くの研究者から注目されただけに、高い評価が与えられる一方で種々の批判もなされてきた。

ここでは、チャンドラー教授の経営史論の特徴を知るうえで、とくに基本的に重要な問題として、市場メカニズムと企業のマネジメントの支配と近代企業に関する規定の二つについて簡単にふれておきたい。

㈢

まず、チャンドラー教授が市場のメカニズムに企業のマネジメントがとってかわったとする点であるが、この市場と管理の関係をどう理解するかという問題は経済学にとっても経営学にとっても古くして、新しい問題である。チャンドラー教授にとっても、この問題は、『経営戦略と組織』以来、いっかんして変わらぬテーマであるといえよう。たしかにチャンドラー教授の指摘するように、今日の大企業は原料の取得から最終的な消費者への販売にいたるまで、その経済機能の内部化をおしすすめ、他方で最新の管理システムを駆使しつつ戦略にもとづく計画化のもとに企業内の生産・流通をコントロールしている。しかも、大企業の管理体制は巨大な規模の集積・集中による生産の社会化を基盤として、その管理システム化の範囲の量的拡大はもちろんのこと、その支配力を著しく強めてきている。こうして生産と流通は、少数の大企業の寡占的支配のもとにおかれ、また、主要な産業部門では寡占的管理が維持されていることも周知の事実である。しかも、チャンドラー教授は十分な考察をしてはいないが、こうした寡占体制＝寡占管理が国家の政策や制度と結合して、その支配力の強化と管理の貫徹がはかられていることも、現代資本主義経済の大きな特徴となっているところである。このようにみてくれば、市場経済のメカニズムは企業のマネジメントによって超えられ、いまや市場経済は管理経済に移行したかのような状況があらわれている。このところに着目し、企業のマネジメントの〝目に見える手〟の擡頭を、制度としての企業の経済的機能に即して歴史的に解明し、「経営者資本主義」の到来をみようとするチャンドラー教授の問題意識の今日的意義は高く評価されるべきであるとは考えるが、しかし、事実として資本主義経済の基本的特徴である市場経済のメカニズムが、企業のマネジメントによってコントロールされる経済体制に移行したとは思えない。

今日の資本主義経済は、国家機構の機能など複雑・高度に活用して、市場経済のメカニズムの発現を変形させ、その本質的特質が見えにくくなっていることも事実であるが、基本的にいって、資本主義経済は私的所有にもとづく生産体制であることに変わりはなく、その生産と流通は事後的調整としての市場メカニズムによっていぜん支配されているのであって、究極的には企業のマネジメントもその支配からのがれることはできないといえよう。この点、チャンドラー教授の「内部化」論との関連で、どこに問題があるのか検討しておきたい。

さきにもふれたように、チャンドラー教授の「ビジブル・ハンド」論はその基礎に「内部組織の経済学」派の企業制度論が存在する。ここでは市場と企業が同一の経済機能を担う制度として、その代替性が教授の理論的出発点におかれている。[11]しかし、この市場と企業の同一性という認識が実は問題なのである。企業のマネジメントは個別経済としての企業の意識性、計画性の実現であるのに対して、市場は全体経済としての無識性、無政府性の発現であって、この両者はあきらかに次元の異なるものであり、したがってそれぞれがはたす機能も大きく異なるものであることはいうまでもない。この企業と市場は個別と全体という関係からいって相互依存的であるが、しかし、同時に相互対立的な存在でもある。すなわち、企業のマネジメントが計画的で、効率的になればなるほど、社会全体の経済過程としての市場は非計画的で、非効率的なものとなってあらわれてくるという固有の特質をもっているのである。企業と市場のあいだのこうした根本的な矛盾が克服され、両者の代替性が本当の意味で可能になるのは、企業の私的生産のシステムの限界が社会的生産として克服されてはじめて実現できるものであろう(12)。

とはいえ、本書でチャンドラー教授が解明せんとした企業のマネジメントと市場のメカニズムとの相互関連を歴史的に解明するという課題はいぜんわれわれに課せられた重大なテーマであり、こんごの研究がのぞまれるところである。

『経営者の時代』の、いまひとつ検討しておきたい問題は近代企業の規定に関するものである。

チャンドラー教授はすでにみたように、近代企業を多数の事業単位から構成され、それが管理者階層によって管理される組織として規定した。たしかに企業が近代的に発展するということは、高度に複雑化した事業活動を効率的かつ合理的に管理するための組織と体制を整備・確立することが不可欠の条件といえよう。しかし、この近代企業の確立が、資本主義的生産の担い手としての資本主義企業の確立を意味するならば、その確立のメルクマールには資本主義的生産、なかんずくその原動力としての労働者の多数の雇用とその労働の資本のもとへの実質的包摂とがあげられなければならないであろう。とすれば、こうした企業における労働者の多数の雇用と、彼らの企業目的への結合こそが、伝統的企業と近代企業を区分する基準とならなければならないであろう。なぜなら、近代企業においては、工場建物、機械設備、原料といった生産手段が存在するだけでは財貨の生産はおこなわれない。そこに封建的身分規制から自由で、かつ生産手段から切り離されているがゆえに、自らの労働力を提供することで生きていかなければならない近代労働者を多数雇用することによって、はじめて資本主義的な生産が開始され、このことを基盤として企業活動がすすめられていくからである。このような資本主義的生産の組織体が近代企業なのであり、したがって近代企業はこの資本主義的生産の確立、とくにその生産にとって決定的に重要な意味をもつ賃労働者の雇用（資本・賃労働関係の形成）を自らの本質的な特徴とするものなのである。[13]

チャンドラー教授は労働の分析を自ら放棄されている。この点は『経営戦略と組織』『経営者の時代』を通じて共通している。資本・賃労働関係は、資本主義経済社会にとってはもちろん、近代企業にとっても重要なファクターであるだけに、この関係を分析視角から欠落させてしまっていることは、教授の分析が資本主義経済と企業、さらには市場のメカニズムと企業のマネジメントをトータルで、構造的解明を意図されているだけに残念である。

以上、『経営者の時代』の理論的フレームワークを構成する企業のマネジメントと市場のメカニズムの関係と近代企業のメルクマールについて検討してきた。指摘してきたように、ここにはいくつかの問題点が含まれているものの、全体として、現代的感覚の鋭い問題意識につらぬかれた研究視角と豊富な歴史実証性は、チャンドラー経営史研究のすぐれた特徴であるといえよう。これこそチャンドラー学派が

確実に全世界に影響を広げていくゆえんであろう。(14)

(1) 辻原悟稿「A・D・チャンドラーの経営史の方法」(上)(中)、『商学討究』(第三二巻三号、第三四巻一号)は、日本におけるチャンドラー経営史論に関する研究を全体的に検討したものである。

(2)(3) A・D・チャンドラー著、三菱経済研究所訳『経営戦略と組織——米国企業の事業部制成立史——』(実業之日本社、一九六七年)三五五ページ、三七六ページ。

(4) 辻原悟氏は「チャンドラーの方法はたんにビジネス・ヒストリーの流れに依拠して、つまりミクロを支えるミクロ主体の研究という狭い枠内に限定されるものでなくて、正に企業者史学がシュムペーターの影響を受けて問題にしたマクロを支えるミクロの研究という観点が明確に存在しているのである」と指摘され、チャンドラー教授の研究が「管理史的経営史」研究と「企業者史」研究の総合を意図するものである、と主張されている(前掲稿(中)、二六〜七ページ)。

(5) A・D・チャンドラー著『経営戦略と組織』三八八ページ。なお、和田一夫氏は「チャンドラーとそれ以前の研究者とを分かつ最たる特徴は、戦略・組織の変化についての説明に市場という要因を積極的に評価した点にあるといっても過言ではない」と正しく指摘されている（「チャンドラー仮説の影響――経営史研究のための覚書――」、『アカデミア〔経済経営学編〕』第七二号、一九八一年、一二二ページ）。

（6）A・D・チャンドラー著、鳥羽欽一郎、小林袈裟治訳『経営者の時代――アメリカ産業における近代企業の成立――』（東洋経済新報社、一九七九年）㊤、四ページ。なお、本書に対する論評については次の研究がある。下川浩一稿「紹介 Alfred D. Chandler Jr., The Visible Hand」（『経営史学』第一三巻三号）、橋本輝彦稿「チャンドラー大企業史論㊤㊦（『立命館経営学』第一九巻一号、二号）、藤田誠久稿「Alfred D. Chandler, Jr. 著 The Visible Hand: The Managerial Revolution in American Business. をめぐって」（『甲南論集』第七号）、和田一夫稿「チャンドラー仮説の影響」（『アカデミア〔経済経営学編〕』第七二号）、森杲著『株式会社制度』（北海道大学図書出版会、一九八五年）など。

（7）R. H. Coase, The Nature of the Firm, Economica, new ser., vol. IV, 1987. Oliver E. Williamson, Corporate Control and Business Behavior, 1970.（岡本康雄、高宮誠訳『現代企業の組織革新と企業行動』丸善、一九七五年）Idem, Markets and Hierarchies: Some Elementary Considerations, American Economic Review, 63, 1973.

（8）A. D. Chandler, Jr., and Herman Daems, Administrative, Allocation and Monitoring: Concepts and Comparisons, N. Horn and J. Kock ed., Law and the Formation of the Big Enterprise in the 19th and Early 20th Centuries. 和田一夫稿「経営史」（『経営学ガイド

ブック』南山大学）二二〇〜一ページ。

（9）（10）A・D・チャンドラー著『経営者の時代』(上)、六ページ。

（11）O・E・ウィリアムソンは、チャンドラーは内部化によって取引コストが節約されるという一方向でのみ組織の発展を扱っているが、市場と企業組織とは取引コストを基準にしてしばしば選択的なものなのである、と批判している（O.E. Williamson, Emergence of the Visible Hand, A.D. Chandler and H. Daems ed., Managerial Hierarchies, 1980. pp. 182-202.）。

（12）拙稿「経営体と管理活動の歴史的考察」(三)（『立教経済学研究』第三三巻三号、一九七九年）。

（13）拙稿「近代企業管理の形成と労働者階級」（『立教経済学研究』第三九巻一号、一九八五年）。

（14）チャンドラー学派の概要については辻原悟稿「ビッグ・ビジネスおよびそのリーダー観の史的変遷――チャンドラー学派の位置付けをめぐって――」(上)(下)（『商学討究』第三〇巻二号、第三一巻一号）、また、チャンドラー教授の理論的影響については和田一夫稿「チャンドラー仮説の影響」（『アカデミア〔経済経営学編〕』第七二号）をそれぞれ参照されたい。

訳者あとがき

本書はアルフレッド・D・チャンドラー教授（Alfred D. Chandler, Jr.）の一九七八年の論文“The United States: Evolution of Enterprise”,（in Peter Mathias and M. M. Postan〈eds.〉, The Cambridge Economic History of Europe, Vol. 7, Cambridge Univ. Pr., 1978）の全訳である。

著者チャンドラー教授はよく知られているように、ハーバード大学経営大学院の経営史の主任教授として文字通り、アメリカ経営史学会の代表的研究者である。チャンドラー教授の研究業績のなかでとくに著名なものとしては、次の三著作があげられる。

㈠ Strategy and Structure: Chapters in the History of the Industrial Enterprise, The MIT Pr., 1962.（三菱経済研究所訳『経営戦略と組織——米国企業の事業部制成立史』実業之日本社、一九六七年）

㈡ Giant Enterprise: Ford, General Motors, and the Automobile Industry, Harcourt, Brace & World, Inc., 1964.（内田忠夫、風間禎三郎訳『競争の戦略――GMとフォード、栄光への足跡』ダイヤモンド社、一九七〇年）

㈢ The Visible Hand: The Managerial Revolution in American Business, Harvard Univ. Pr., 1977.（鳥羽欽一郎、小林袈裟治訳『経営者の時代――アメリカ産業における近代企業の成立（上）（下）』東洋経済新報社、一九七九年）

チャンドラー教授のこの論文「合衆国――企業の発展」は、ケンブリッジ・ヨーロッパ経済史叢書の一冊として、P・マセイアス教授とM・M・ポスタン教授の編集による『産業経済――資本、労働、企業』（The Industrial Economies: Capital, Labour, and Enterprise, Cambridge Univ. Pr., 1987）のなかに収録されたものである。この論文は教授の代表的著作『ザ・ビジブル・ハンド――アメリカのビジネスにおける経営者革命』（一九七七年）の要約の形をとりながら、『産業経済――資本、労働、企業』の編集意図にそって新に再構成されて整理されたものである。

本書の全体構成のなかで、とくに重要な論点は次の二点にあるといえよう。

第一点は、大企業の機能とその役割についてである。チャンドラー教授は、この大企業が今日の経済社会を支配する制度的形態であるとしてとらえ、そして、この大企業が個人的な所有、管理にゆだねられている段階から現代の官僚的階層制組織によって管理運営される経営者企業となっているとする。そして、このような大企業は、生産諸要素を結合し、投入（インプット）を産出（アウトプット）に転換し、いわゆる「剰余」をつくりだすという機能をはたすものであるが、この機能は経営者の組織の設計（デザイン）と経営管理の技術によって保障される。したがって、このように経営者のはたす役割にはきわめて大きなものがあるとする。

　第二の点は近代企業の時期区分を行ない、近代企業の発展史を鳥瞰していることである。すなわち、アメリカにおける近代企業の発展は三つの時期があり、それぞれの特徴を次のようにしめす。第一の時期は一八世紀後半の国民経済の形成から一八四〇年代まで。この時期には市場の拡大が企業の分業をうながし、基幹的な事業組織の設立がみられた。第二の時期は一八四〇年代から第一次大戦まで。この時期には、技術革新が輸送、生産、流通の諸過程をとらえた結果、企業は複数事業体として確立をみるにいたった。第三の時期は一九二〇年代より現代まで。この時期には複数事業体となった大企業は経営者企業としての特質を明確化し、アメリカ経済全体を支配する制度にまで発展したのである。

このように本書は大企業の特質と近代企業の発展史をデッサンしたものである。論旨はきわめて明快で、かつ正確な論理構成をもっているチャンドラー教授のこうした論文を十分に理解し、正しく翻訳しえたかははなはだ心もとない。

本書の翻訳はかなり早い時期に企画されたのであるが、私が勤務する大学の忙しい役職を引受けざるをえなくなり、仕事は一時中断せざるをえなかった。しかし、その後、菊地竜子氏の全面的な協力によって、まとめあげることができた。彼女の尽力に心より感謝したい。

本書の出版にあたって、チャンドラー教授のアメリカ経営史研究上の位置づけや、教授の経営史論の特徴について、若干の解説をつけ加えた。参考にしていただければ幸いである。なお訳文中の小見出しは訳者がつけた。

最後になったが、今日の出版事情のきびしいなかで、亜紀書房棗田金治氏には一方ならぬ御無理をお願いした。御厚意に深く感謝する次第である。

一九八五年一一月六日

丸山恵也

文庫化にあたって

本書の再刊は、本書が古書でもなかなか入手できない状態になっており、文庫という手に取りやすい形にして、若い読者の手元に届けたいという願いから行われた。この再刊を機に、本書のアメリカ経営史は一九七〇年代で終わっているので、その後の一九八〇年代から現在に至るまでのアメリカ企業の基本的な特徴とその社会的課題について、私の考えで簡単に補いたい。

ポスト・チャンドラー教授とアメリカ経営史の課題

チャンドラー教授の本書オリジナル論文が発表されてから、すでに四三年もの長い歳月が経った。この四十数年間におけるアメリカ企業には、大きな変化と発展があった。この間のアメリカ企業の大きな変化と、社会的に提起された問題として(1)多国籍企業の発展(2)企業の社会的責任(3)経営者団体のステークホルダー（利害関係者）資本主義論についての三点を取り上げたい。

1　アメリカ多国籍企業の発展

チャンドラー教授の「多国籍企業論」構想

この四十数年間のアメリカ経営史上で最も大きな特徴は、世界のグローバリゼーションの中で、アメリカの企業がいち早く多国籍企業化し、その支配力を飛躍的に発展させたことであるといえよう。しかし、残念ながら本書には、多国籍化したアメリカ企業の世界での本格的な活動記載はなく、アメリカ企業の歴史が第三章第三節の「第二次世界大戦後の近代企業の発展方向」で終わっている。この点に就いてチャンドラー教授は、本書で「戦後のアメリカ企業の発展は短くしかいいあらわすことはできない。つまり、充分な歴史的評価をするにはまだはやいということである。」（一三八頁）と述べ、第三章第三節を「近代企業の発展方向」と題して、その内容として、具体的に「階層制企業の支配」「海外事業活動の発展」「コングロマリットの形成」「アメリカの挑戦」の四つをあげ、その特徴をまとめている。この四項目すべてが、企業が多国籍企業化する条件そのものである。このように、チャンドラー教授は、多くは語らなかったもののアメリカ企業が形成期の「多国籍企業」として、世界に挑戦する姿を、すでに想定していたといえよう。

アメリカの多国籍企業（Multinational Enterprise：ＭＮＥ）

・企業の多国籍化

アメリカ企業は一九八〇年代のグローバルな貿易・投資自由化の促進によって海外直接投資と海外生産を著しく拡大し、多国籍企業化していった。更に、多国籍企業化した本社親会社は海外子会社との垂直統合を組織化し、世界最適配置の企業内国際分業体制を構築した。二一世紀になると、この企業内国際分業体制がオフショア・アウトソーシングを活用し、海外子会社への委託を拡大し、グローバルな生産ネットワークを形成した。

・タックスヘイブン

アメリカは自国内に、税率の低いタックスヘイブン州のデラウェア、ネバタ、ワイオミングを抱えている。デラウェアは法人税(州税)が八・七パーセントだが、他の二州は課税されない。企業はまず税率の低い国に形式上の本社を移し、実際の本社機能は本国に残す。また、三割程度の多国籍企業は、海外直接投資によって海外タックスヘイブンに子会社をつくり、その子会社がさらに他の場所に投資をする。この投資利益率は、直接投資の二〜三倍になる。更に、これらの子会社間の取引を通して「価格移転」を行い、税金を最小限にしている。多国籍企業のグローバリゼーションとは、一方ではグローバル・スタンダードで国民国家の壁を破り、他方で、タックスヘイブンに利益を移すなど国民国家の壁を利用して、より大きな収益を獲得することなのである(1)。

・多国籍企業の規制

早くは七〇年代に、途上国を中心に世界経済運営のルール変更を迫る新国際経済秩序の要求と結びついて、多国籍企業の情報公開や国際的な統一基準による企業情報開示の制度化が、国連の多国籍企業委員会(TNC)で進められた。その後二〇〇〇年には、OECDの「多国籍企業のガイドライン」が改訂され、国連の「グローバル・コンパクト」が提唱される。二〇一二年には、「世界社会フォーラム（WSF）」がブラジルで開催され、多国籍企業とそのグローバル化に反対し、中南米諸国から三万人が集まった。資本主義を批判する声は、アメリカでも「オキュパイ（占拠）」運動として若者を中心に広がり、全世界に大きな影響を与えた。このような運動の国際的な高まりに押されてオバマ政権は、多国籍企業や富裕者への増税を決め、「雇用の国内復帰を促す」として海外に雇用を移転した多国籍企業への税控除を廃止し、更に、海外のタックスヘイブンを利用する多国籍企業に「基本税」を制定した(2)。

2 企業の社会的責任（Corporate Social Responsibility：CSR）

チャンドラー教授の「ビジブル・ハンド」論

本書はチャンドラー教授の論文「合衆国——企業の発展」（*The United States: Evolution of Enterprise*）の翻訳であるが、「訳者解説」でもふれたように、この論文は、チャンドラー教授の代表的な著作である『ザ・ビジブル・ハンド——アメリカのビジネスにおける経営者革命』(邦題『経営者の時代』)の要約の形をとりながら、この叢書の企画に沿って再構成されたものである。この『ザ・ビジブル・ハンド』は、アダム・スミスの「見えざる手」への対句として、チャンドラー教授が市場のメカニズムに大企業のマネジメントがとって代わったとする、いわゆる「ビジブル・ハンド」を論じた書である。

この「ビジブル・ハンド」論については、「訳者解説」で少し詳しく説明をしているが、チャンドラー教授の「ビジブル・ハンド」論は、その基礎に、市場と企業が同一の機能を担う制度として、その代替性が理論的出発点に置かれている。しかし、企業のマネジメントは個別経済としての企業の意識性、計画性の実現であるのに対して、市場は全体経済としての無意識性、無政府性の発現である。市場と企業の間のこうした矛盾が克服され、両者の代替性が可能になるのは、企業の私的生産システムの限界が社会全体の生産物の制御能力によって克服されてはじめて実現できるものである。したがって、資本主義経済社会における市場経済は、依然として「見えざる手」(イン・ビジブル・ハンド)の支配をうけているのである。

資本主義経済社会と企業の社会的責任

二〇世紀後半の資本主義社会の発展を支えたのは、アメリカによる大量生産・大量消費社会の発展とその世界的な展開であった。その後、国際的な競争の下で過剰資本、過剰設備の整理が迫られたのは、拡大した生産力に対する市場の限界が明らかになったことからである。このように、資本主義経済社会は、市場の限界というかたちで、「見えざる手」の支配を受けているのである。

例えば、今日の重要にして、緊急な人類的課題となっている環境危機の問題がある。この問題は大量生産、流通、消費、廃棄という現代の社会経済構造によって生み出された結果である。現在のように、多国籍企業の主導によるグローバリゼーションを進め、自由競争をしている経済成長方式の市場原理では、地球環境は守れない。多国籍化した大企業は、本国一国にとどまらず、新興国を含めて世界の経済社会に対して大きな影響力を持っているだけに、彼らの利潤追求の企業活動を市場原理主義に委ねるわけにはいかない。多国籍化した大企業は、経済社会に支配的影響力をもっているが故に、その社会的責任には大きなものがある。彼らの事業活動に対しては、国際的なルールを定め、これを規制する必要がある。環境問題をはじめ多くの問題は、アメリカの企業のみならず、国境を越えた全世界の企業に課せられた最大の社会的課題といえよう。[3] 近年では、二〇一五年九月、国連総会は「我々の世界を変革する：持続可能な開発のための2030アジェンダ」(Sustainable Development Goals：SDGs）を採択した。ここでは、「世界を持続可能かつ強くしなやかな道筋に移行させるために」一七の目標と一六九のターゲットが提起されている。これは地球規模での貧困や飢餓、ジェンダーやマイノリティの差別、さらには地球温暖化をはじめとする地球環境の危機、これらの人類が直面している課題を政府、企業、市民団体、地域住民が協力して解決しようとすることを提起したものである。

3 経営者団体とステークホルダー資本主義

ラウンド・テーブルの声明

二〇一九年八月、アメリカの経営者団体ビジネス・ラウンドテーブル（Business Roundtable：BR）がアメリカ企業の株主第一主義を批判する声明と同時に、「利益の追及」が企業のパーパス（存在意義）ではないとする「企業のパーパスに関する声明」(Statement on the Purpose of a Corporation)を発表した。アメリカ経済界を代表する経営者団体が、現資本主義体制を批判することは、アメリカ経営史上、大変大きな出来事である。アメリカ流株主資本主義の総本山ともいうべき経営者団体が、株主資本主義との決別宣言をしたのである。

この経済団体の会員には、金融大手のJP・モルガン・チェースのダイモンCEOをはじめ、アップル、GM、アマゾン・ドット・コムのCEOら合計一八一人の経営トップが名を連ねている。

このビジネス・ラウンドテーブルの声明では、「企業の存在意義はステークホルダーへの奉仕である」とする。すなわち、顧客には価値あるものを届ける、従業員には公正な賃金を支払い、彼らの技術や能力の向上に努める、サプライヤーには公正な取引をし、他の企業との協力に努める、地域住民に貢献し、企業活動が長期的に維持できる環境を守る、株主には長期的価値を生みだし、透明性のある効果的な関係を維持する。こうしたすべてのステークホルダーに価値を実現することによって、企業、地域、国の将来的発展が保証されるとする。

要するに、声明の趣旨は「これまでの株主至上主義を見直し、企業の存在意義はステークホルダーへ奉仕してこそ、企業自身を含め地域、国の発展が保証される」というものである。

ダボス会議とステークホルダー資本主義

二〇二〇年一月、世界の政財界の指導者を集めた世界経済フォーラム（WEF）年次総会（五〇回）がスイス・ダボスで開かれた。米国流の株主資本主義がもたらした弊害が正面から問われた国際会議であった。

米IC企業、セールスフォース・ドットコムのマーク・ベニオフ最高経営責任者（CEO）は、「私たちが知っている資本主義は死んだ」と述べ、「株主の利益だけを最大化しようという私たちの執着が、極度の格差と地球の緊急事態を生んだ」。その上で、従業員や顧客、取引先、地域社会や環境といった利害関係者に貢献する「ステークホルダー資本主義」こそ、ビジネスを持続可能にする新しい道だと力説した。このような経営者の大きな認識の転換は、米国型資本主義といわれる「株主資本主義」の行き詰まりを現している。

企業パーパス論、企業の利益追求を否定

ビジネス・ラウンドテーブルが発表した「企業のパーパスに関する声明」は株主資本主義批判と同時に、「利益の追及」が企業のパーパスではないことを強調している。

経済界を代表する「企業パーパス論」者である上記世界経済フォーラムの主宰者クラウス・シュワブ氏の「企業パーパス論」は次の通りである。[4]

企業のパーパスとは、「企業の全てのステークホルダーを、共有化され持続された価値創造に関与させることである。そうした価値創造の過程で、企業は株主だけでなく、全てのステークホルダー（従業員、顧客、納入業者および地域社会、社会全体）に奉仕する」ことであるとする。

さらに、シュワブ氏は我々の眼前には、選択すべき三つの資本主義が存在するという。株主資本主義、ロシア、中国などの国家資本主義、ステークホルダー資本主義である。株主資本主義は、今日の企業が利益追求体であるだけでなく、社会器官であることを無視しており、もはや持続可能ではない。社会的および環境的課題に対応するためにはステークホルダー資本主義に転換すべきであるとする。[5]

ステークホルダー資本主義はアメリカを救うか

二〇〇八年九月、アメリカの投資銀行リーマン・ブラザーズの経営破綻をきっかけに、世界的金融危機が起こった。その危機への施策がさらなる金融緩和や減税であったことから、それが株価や土地の資産価値を高めて富裕層に大いに蓄積させ、企業に高収益をもたらした。企業はその収益を自社株買いに投じて株価をさらに上げ、業績連動の経営者報酬をいっそう高額化した。他方、企業は株主資本利益率(ROE)を引き上げるため労働者数を減らし、賃金を引き下げた。企業トップの報酬総額が中央値で従業者給与の二〇〇倍を超え、中には四万倍もの企業が現れた。このように、アメリカ社会は極端な経済格差で社会の分断が広がり、社会不安が起こり、企業もこれを無視できなくなった。このようなアメリカ社会の矛盾が、この経済団体の「株主第一主義」の見直し、ステークホルダー資本主義への移行の声明の背景にある。企業とステークホルダーとの関係についてのアメリカでの論議はかなり古く、すでに一九七〇年代から経済界や経営学研究者の間で交わされていた。しかし、アメリカを代表する経営者団体が、社会に対してステークホルダー資本主義への移行を呼びかけたのは始めてである。

一九四七年、ビジネス・ラウンドテーブルなどの経営者団体は「株主第一主義」を提唱し、結果として経済格差を拡大し、アメリカ社会の「分断と社会不安」を強めた。株主への高配当は、同時に経営者への高報酬を保証するものでもあった。ビジネス・ラウンドテーブルは、そのことへの反省もあってか、今度は全てのステークホルダーに価値を保証するという。このことと、「企業の存在意義は「利益の追求にあらず」」という企業パーパス論が一体のものとして主張されている。今日の「格差と社会不安」の社会にあって、その改革のため、ステークホルダー資本主義を構築することに「企業の存在意義」を見出したこと自体は意義のあることと考えるが、それが実際に実現可能であるという改革の具体的なプランが見えてこない。資本主義経済社会にある企業が、「すべてのステークホルダーに価値を保証する」ことが実際に可能であろうか。この資本主義企業は、もともと経済合理性という原理の下で、収益をあげる活動をしている組織体なのである。この企業が現実の厳しい競争関係の中で生き残っていくためには、企業はより大きな収益をあげることが要求されるからである。

今後、アメリカの経営者によるステークホルダー資本主義の実現というビジブル・ハンドを見ることが出来るのか注視していきたい。

なお本書のちくま学芸文庫版の刊行にあたっては、筑摩書房編集部の藤岡泰介氏に大変ご尽力いただいた。御礼申し上げる。

丸山恵也

注

(1)(2)(3) 丸山恵也稿「世界経済危機と多国籍企業」(丸山恵也編著『現代日本の多国籍企業』新日本出版社、二〇一二年一二月)

(4)(5) 桜井徹稿「株主資本主義批判としての企業パーパス論――意義と限界」(『国士舘大学経営論叢』第一〇巻第二号、二〇二一年三月)

本書は一九八六年に亜紀書房から刊行された
『アメリカ経営史』を文庫化したものである。

ちくま学芸文庫

大企業の誕生 アメリカ経営史

二〇二一年十一月十日 第一刷発行

著者 A・D・チャンドラー
訳者 丸山恵也（まるやま・よしなり）
発行者 喜入冬子
発行所 株式会社 筑摩書房
東京都台東区蔵前二―五―三 〒一一一―八七五五
電話番号 〇三―五六八七―二六〇一（代表）
装幀者 安野光雅
印刷所 株式会社精興社
製本所 株式会社積信堂

ISBN978-4-480-51086-0 C0134